大学生职业素养教育与提升

杨 玲 著

北京工业大学出版社

图书在版编目（CIP）数据

大学生职业素养教育与提升 / 杨玲著. — 北京：北京工业大学出版社，2021.4
　ISBN 978-7-5639-7917-2

Ⅰ. ①大… Ⅱ. ①杨… Ⅲ. ①大学生－职业选择－研究 Ⅳ. ①G647.38

中国版本图书馆CIP数据核字（2021）第081807号

大学生职业素养教育与提升
DAXUESHENG ZHIYE SUYANG JIAOYU YU TISHENG

著　　者：	杨　玲
责任编辑：	郭志霄
封面设计：	知更壹点
出版发行：	北京工业大学出版社
	（北京市朝阳区平乐园100号　邮编：100124）
	010-67391722（传真）　bgdcbs@sina.com
经销单位：	全国各地新华书店
承印单位：	天津和萱印刷有限公司
开　　本：	710毫米×1000毫米　1/16
印　　张：	10.75
字　　数：	215千字
版　　次：	2022年1月第1版
印　　次：	2022年1月第1次印刷
标准书号：	ISBN 978-7-5639-7917-2
定　　价：	65.00元

版权所有　　翻印必究

（如发现印装质量问题，请寄本社发行部调换 010-67391106）

前　言

近年来，职业素养的话题被人们热议，习近平总书记针对社会上的不同行业和群体在职业素养问题上提出了一系列要求，尤其对大学生群体提出，要树立理想信念，练就过硬本领，开拓进取、勇于创新，增强道德认知，提升个人素养。

随着经济的发展、技术的更新，企事业用人单位对高素质、高技能人才的要求也在不断提高，"职业素养"逐渐进入人们的视野，成为企业考察员工的重要内容之一。可见，研究大学生职业素养提升策略，为培养高技能应用型人才提供理论支持和实践指导显得刻不容缓。

全书共六章。第一章为职业素养教育概述，主要内容有职业素养教育的相关概念、大学生职业素养教育的理论基础等；第二章为我国职业素养教育的现状与问题，主要内容有国内关于职业素养教育的相关研究、我国职业素养教育存在的问题及其原因等；第三章为不同专业学生的职业素养教育，主要内容有会计专业学生的职业素养教育、体育教育专业学生的职业素养教育等；第四章为大学生职业素养修炼，主要内容有认知职场礼仪、认知职场沟通等；第五章为大学生职业素养教育实例，主要内容有无锡南洋职业技术学院的职业素养教育、淮海工学院的职业素养教育等；第六章为大学生职业素养教育的提升策略，主要内容有提升教师的职业素养、利用新媒体提升大学生的职业素养等。

为了确保研究内容的丰富性和多样性，笔者在写作过程中参考了大量的理论与研究文献，在此向涉及的专家学者表示衷心的感谢。

由于笔者水平不足，加之时间仓促，本书难免存在一些不足之处，在此，恳请读者朋友批评指正！

目 录

第一章 职业素养教育概述 ··· 1
- 第一节 职业素养教育的相关概念 ··································· 1
- 第二节 大学生职业素养教育的理论基础 ··························· 7
- 第三节 现代人才核心职业素养的重要组成部分——信息素养 ······ 11
- 第四节 大学生职业素养教育的意义及保障措施 ··················· 15

第二章 我国职业素养教育的现状与问题 ··································· 19
- 第一节 国内关于职业素养教育的相关研究 ························ 19
- 第二节 我国职业素养教育存在的问题及其原因 ··················· 22
- 第三节 关于大学生职业素养教育和提升的思考 ··················· 24

第三章 不同专业学生的职业素养教育 ······································ 36
- 第一节 会计专业学生的职业素养教育 ····························· 36
- 第二节 体育教育专业学生的职业素养教育 ························ 40
- 第三节 医学生的职业素养教育 ····································· 52

第四章 大学生职业素养修炼 ·· 65
- 第一节 认知职场礼仪 ·· 65
- 第二节 认知职场沟通 ·· 78
- 第三节 认知职场竞争力 ·· 98
- 第四节 敬业与务实精神 ··· 107

第五章 大学生职业素养教育实例 ·· 117
- 第一节 无锡南洋职业技术学院的职业素养教育 ·················· 117
- 第二节 淮海工学院的职业素养教育 ······························· 122

第三节　公安院校的职业素养教育···126
第六章　大学生职业素养教育的提升策略···149
　　第一节　提升教师的职业素养···149
　　第二节　利用新媒体提升大学生的职业素养·····································154
　　第三节　职业素养教育与思想政治理论课相融合·································156
参考文献··164

第一章 职业素养教育概述

第一节 职业素养教育的相关概念

一、素养

为了更好地理解"职业素养",我们需要先弄清楚什么是素养。"素养"一词由来已久,《汉书·李寻传》中就有"马不伏历,不可以趋道;士不素养,不可以重国"的记载,这里是修习涵养的意思。刘兰明根据词的本义,认为素养是指人通过长期的学习和实践(修习培养)在某一方面所达到的高度。学者许亚琼认为,素养一词具有两个含义:一个是静态的,指个人培养的行为习惯、品质;另一个则是动态的,指通过工作生活不断修习的过程。

我们在论述"素养"时,往往会联想到"素质"一词,有些学者会将"素质"与"素养"两词混用。两词虽有相通之处,但含义还是有差别的。"素质"是一个早已有之的词语,如杜甫《白丝行》记载:"已悲素质随时染。"又如张华《励志》诗载:"虽劳朴斫,终负素质。"前者是白色质地之意,后者表事物的本质之意,现代文学中多取后者之意。因此,"素质"与"素养"为近义词,但含义是不同的。

"素质"强调静态,表示事物的本来基质;"素养"强调人的后天养成过程,即动态过程,指人通过长期的实践与努力而产生的结果,可以理解为"素质的养成"。

二、职业素养

关于职业素养,国内外教育家都有自己不同的见解。春秋时期儒家学派创始人孔子曾说,兴于《诗》,立于礼,成于乐;美国著名教育家卡耐基曾说,一个人的成功15%靠的是他的专业知识,85%靠的是他的待人处事的技巧;

也有学者认为职业素养应该包括爱岗敬业精神、团队合作精神、创新意识；现代学者一般认为，职业道德、职业行为、职业技能、职业态度、职业意识、职业作风等都是职业素养，其中，职业道德、职业态度、职业意识、职业作风是职业素养的核心问题，也是企业选人用人的重要衡量标准。职业素养的鼻祖——圣弗朗西斯科在其《职业素养》一文中提到，职业素养是职业的内在要求，是一个人在社会活动中必须遵守的行为规范，是个人在职业过程中表现出来的综合品质。

笔者梳理了职业素养含义的相关研究，发现专家们的观点各不相同。笔者做过一项开放式调查，即分别与本科院校教师、职业院校教师、工厂工人、在校大学生、某公司HR进行访谈，为了便于收集数据，访谈采用电话录音的方式实施，内容主要包括：您认为什么是职业素养？大学生的职业素养应该包含哪些内容？下面是其中一些人的访谈结果。

本科院校教师表示：职业素养是毕业生在工作中发挥重要作用的内在个人品质和外在的行为方式，包括职业技能、职业理论、处理人际关系的能力、心理承受能力等。

职业院校教师认为：职业素养是劳动者从事职业所必须具备的素质，包括岗位专业素养和通用职业素养。前者主要在学校习得，后者主要在一定的社会实践基础上，通过后天的自我学习等逐渐形成。

工厂工人认为：职业素养是指良好的职业道德，及遵纪守法、勤奋、严谨、正直、能吃苦等品质。

在校大学生认为：职业素养包括专业理论知识、专业技术能力、为人处世能力、求职面试能力。

某公司HR表示：职业素养是一个学生良好的道德品质、超强的专业能力及对自身未来职业生涯的清晰认识与规划，包括职业价值观、职业心态、职业定位、职业情感、职业理想。

结合访谈，笔者认为职业素养可以分为四个维度：职业意识、职业道德、职业行为、职业技能（如图1-1-1）。

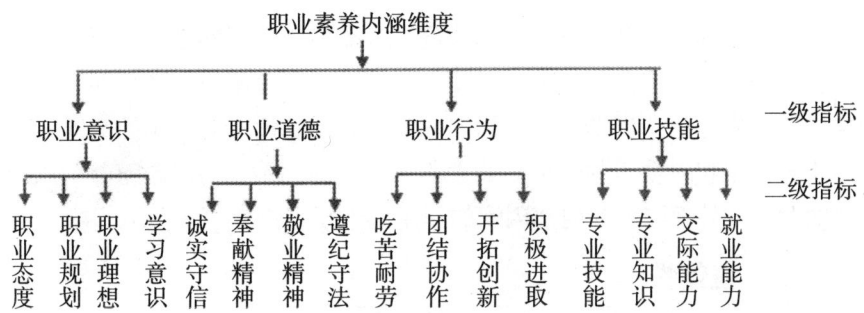

图 1-1-1　职业素养结构要素图

职业意识是职业人对自己所要选择从事的职业或已做的工作的基本认识。其中包括职业态度、职业规划、职业理想及学习意识。职业意识良好的人会顺应社会就业形势，客观地分析自我，对于自己的职业发展方向和发展方式做出理性分析，并使个人发展与社会需求相契合。

职业道德是与职业活动紧密相关的职业品行、职业操守、职业情感的总和，是对职业人的基本要求，是职业人在工作中必须遵守的道德准则和行为规范。它包括诚实守信、奉献精神、敬业精神、遵纪守法。

职业行为是职业人的外在行为表现。良好的行为有利于提高工作效率，如吃苦耐劳、团结协作、开拓创新、积极进取等。

职业技能是职业人在校或走上工作岗位后习得的技术和能力，包括专业技能、专业知识、交际能力及就业能力等。它是职业人在职业活动中能够娴熟地操作，并保证生产任务能够顺利完成的专业能力，是大学生可以顺利实现就业的前提条件。

三、职业素养的特征

（一）职业性

不同行业具有不同的行业要求，不同的岗位都有其专门的操作规范，不同岗位对从业者的职业素养要求亦不同。如对装修工人的职业素养要求，肯定不同于对医生的职业素养要求；对服务人员的职业素养要求，不同于对教师的职业素养要求。

（二）稳定性

职业素养不是一朝一夕可以形成的，是需要在长期的学习、培训和职业生活中积累的。这种素养一经形成，便相对稳定。如汽车工人在长期工作中不断积累的职业素养：严谨踏实的作风、一丝不苟的态度、对汽车的高效维护等，这些素养都是相对稳定的。但职业素养也不是固定不变的，会随着个人阅历、年龄的增长，外部因素与内部因素的作用而不断完善。

（三）整体性

职业素养是一个人综合素质的体现，不是单独存在的。我们平时说某人职业素养高，不仅指其技术素养好，还包括他的思想政治素养、科学人文素养高，拥有正确的人生价值观，甚至还包括他心理素质强等。

（四）发展性

在社会中，一个人的职业素养不是一成不变的，而是动态变化的。随着社会的进步、技术的革新，社会对职业人的要求也越来越高。职业人只有通过不断的学习、实践、总结来提高自身素养，才能适应社会的需要，不被社会所淘汰。

四、职业素养培养模式

（一）学校培养模式

学校是培养学生职业素养的重要载体，学校应该通过自己的一套完整的职业素养培养体系，更好地帮助学生接受职业学习和训练，让他们更好地从校园人转变到职业人，让他们以后能够成为受到用人单位欢迎的高素养人才。所以，学校的职业素养教育尤其重要，并且要系统化。学校的教育要按照每个学生不同的受教育程度进行，根据职业生涯和发展理论，有针对性地开展职业教育指导，在高等教育阶段充分将职业素养教育贯穿其中，让学生可以逐渐产生一定的择业观。因此，各个学校要在高等教育阶段坚持实施相关的职业素养养成课程，通过职业素养教育让学生掌握和了解基本的职业知识，得到基础的职业训练。比如学校可以给学生提供一定的职业咨询服务，邀请家长和校友为学生开设职业讲座，这样有利于更好地开展职业素养教育。

（二）社会培养模式

学生就业难是一个社会问题，在高等教育阶段对学生进行职业素养教育不但需要学校的努力，也需要社会的支持。例如，政府可以设立一些职业素养教育的咨询机构，或者制订专项计划来支持学生的实习和学习。而企业可以安排学生实习，让学生多实践，进而了解真正的工作是如何开展的，这也能让学生有更加直观的职业印象，这样不但可以帮助学生提高职业素养，也能为企业以后选拔人才奠定基础，从而达到双赢。

（三）自我培养模式

内因是非常重要的一个影响因素。面对当前竞争如此激烈的社会环境，每个人都应该具备正确的职业观，定位合适的职业方向，努力学习好相关的专业技能。通过自己的努力提高自身的职业素养是自我培养模式中非常重要的一个途径，比如在学校受教育的过程中，了解自身的优劣势，根据自己的能力特点确定正确的职业方向。另外还应在职业生涯开始前充分规划好自己的职业生涯，因为职业选择是否恰当将深深影响一个人以后的就业道路，最后还需要靠自身的努力增强专业技能。

五、大学生职业素养教育

教育部在《关于推进高等教育改革创新引领学校教育科学发展的若干意见》中提出，要改革培养模式，增强学生的可持续发展能力，把提升学生职业素养放在重要位置。

首先，高等教育的人才培养目标蕴含了对职业素养的要求。高等教育培养的是高端技能型人才，这里所指的"高端"不仅是高超的技术与技能，还包括高素质、高素养等重要内涵。要从高等教育的"高等性"和"职业性"出发来正确认识大学生职业素养的具体内涵，它应包含技术素养、人文素养、职业态度等多个层面的关键要素。

其次，职业素养教育是高等院校内涵建设的重要组成部分。高等院校推进内涵建设，要进一步强化人本理念，聚焦学生职业素养的提升。各高校要把职业素养的要素、要求和标准内化到各项教育教学的任务、内容和方法中，把先进、高端要素融入课程教学，把行业、企业的职业规范融入日常的管理行为。

最后，职业素养是大学生就业竞争力的关键要素。职业素养是就业的敲门砖，它对大学生就业竞争力具有弥补、调节和促进的作用。只有不断加强学生职业素养的培养，促进大学生全面发展，才能提升就业竞争力，使其融入社会。

（一）大学生职业素养教育的特性

1. 基础性

良好的职业素养是大学生发展事业的重要基石；与此同时，大学生职业素养的高低也将决定其学习动力的大小和未来成就事业水平的高低。

2. 实践性

大学生职业素养教育是一种实践教育，它让大学生在实践过程中感受职业发展和事业发展的要求；另外，大学生职业素养教育也必然随着大学生本身需求和社会需求的改变而改变。

3. 拓展性

良好的职业素养教育能够帮助培养和提高大学生主动获取资源的意识和能力；也能帮助学生不断修正职业生涯规划，开阔眼界。

4. 事业性

大学阶段的职业素养教育有利于帮助大学生形成坚定正确的职业价值理念；同时坚定其追求职业和事业发展目标的信念。

（二）大学生职业素养教育的重要性

我国高等教育的根本任务是为我国社会主义事业培养德、智、体、美、劳全面发展的具有创新精神和实践能力的高级人才。因此，大学教育要注重对大学生职业素养的培养。

1. 有利于大学生得到用人单位的赏识

在追求高效率和不断变化的现代社会中，用人单位对人才的要求也越来越高，单位需要的不仅是专业领域的能手，还需要有着良好的职业素养的人才。因为职业素养高的求职者不仅用起来放心，而且在今后的工作中无论是专业技术能力还是沟通、管理等方面的能力，都能够得到快速的提升，即能在岗位上快速地发挥潜能，有很强的可塑性。可见，企业已经把职业素养作为评价人才的重要指标。

2. 有利于提高大学生的就业竞争力

在求职市场上，职业素养差的学生因缺乏竞争力很难顺利就业，而职业素养好的学生就业相对容易。

就业比较困难的学生有两种情况：一种情况是专业素养比较差，他们过不了专业测试；另一种情况是，部分学生虽然能顺利通过专业测试，但由于缺乏必备的非专业素养，最终无法顺利就业。无论是缺乏专业素养，还是缺乏非专业素养，都会使大学生在入职一开始就遭遇重重挫折，错失各种就业良机。

而职业素养的培养能很好地帮助大学生解决这些问题，有利于提高学生的就业竞争力。因此，学生毕业后能否顺利就业，能否取得成就，人才供需双方能否顺利对接，在很大程度上取决于学生的职业素养。由此看出，大学生职业素养教育很重要。

3. 有利于大学生取得事业的成功

无论是正在应聘的大学生，还是入职后的大学毕业生，职业素养决定了他们应聘的成败概率。

企业在招聘或者衡量一个人的时候往往以 6.5∶3.5 的比例来划分人的内化素养和外化素养。一个人在职场上能否取得成功，不但取决于他的专业素养，而且取决于他的非专业素养。非专业素养属于隐性职业素养和内化素养。隐性职业素养占了个体素质的 7/8，往往被作为鉴别绩效优秀者和一般者的重要标准。

一个人，其能力和专业知识固然重要，但是，在职场要想取得成功，最关键的并不在于他的能力与专业知识，而在于他所具有的职业素养。据调查显示，90% 的公司认为，制约人才发展的最大瓶颈就是，缺乏较高的职业素养。英国学者的调查表明：绝大多数人在工作中仅发挥了 40%～50% 的能力。如果能够受到良好的职业素养教育，就能发挥其能力的 50%～80%。

第二节　大学生职业素养教育的理论基础

一、人力资本理论

人力资本理论起源于经济学，早期的人力资本理论源于美国著名经济学家亚当·斯密在其《国富论》里对社会财富增长的论述。20 世纪 60 年代初，美国著名经济学家舒尔茨、贝克尔提出了现代人力资本理论：人力资本是指体现在人身上，能够带来新的生产价值的知识、能力和健康的总和。舒尔茨和贝克尔是现代人力资本理论的主要代表，他们分别从宏观和微观角度论述了人力资本理论。但他们的研究基本都处于通过劳动和服务换取利益的低级阶段，未涉及包含才能、智慧的高层次的人力资本。

继舒尔茨之后，罗默、卢卡斯等经济学家以人的知识和能力为要素，对人力资本理论进行了深入研究，最终在20世纪80年代后期形成了当代人力资本理论。罗默提出了"内生增长模型"，指出不仅资本和劳动力这两个生产要素能形成递增的收益，知识和教育水平等要素投入也能产生递增收益。卢卡斯通过研究发现，经济持续增长的决定性因素和产业发展的真正源泉是人力资本的积累。教育是人力资本形成和积累的重要途径，是经济快速增长的动力，而高等教育与社会经济发展与技术革新的联系最为紧密。因此，培养具有较高职业素养的大学生，提高其人力资本，注重培养其自我管理、自我提高的能力，这对于经济的快速稳定发展具有重要现实意义。

二、多元智能理论

1983年，霍华德教授及其同事经过长期的研究与观察，提出了多元智能概念。通过不断的实践探索，最终形成了颇具特色的多元智能理论。

不同于解答智力测验试题能力的传统智能理论，多元智能理论是一种多维度分析人类智能的理论，概括起来分为八种智能：逻辑－数理智能、言语－语言智能、视觉－空间智能，自知－自省智能、音乐－节奏智能、身体－动觉智能、交往－交流智能、自然智能，这八种智能既相互联系又互相独立，在不同的人身上具有不同的体现。人与人之间没有智力高低之分，只有智能类型之别，有些人擅长其中某一智能，而有些人可能擅长多种智能。多元智能理论不仅强调对学生优势智能的挖掘与开发，同时也非常重视及发展学生的弱势智能。

多元智能理论表明，应试教育仅仅凭借数学逻辑与语言能力选拔考核人才的制度，是不科学、不合理的。把文凭作为人才评价、职称晋升的唯一标准，这是对人力资源的浪费，是不合理的。多元智能理论不仅强调个人优势智能的挖掘，也重视弱势智能的发展，对于应试教育中的"弱者"，要善于挖掘其逻辑计算、语言以外的其他潜能，进行跨学科教学，以求其全面发展。

每个学生都是特殊的，每个学生都有其闪光点，都可以成为社会有用之才。教师要用赏识发展的眼光引导学生、教育学生、评价学生。例如，在教学内容上，开展就业指导课，帮助学生理性分析自己的优劣势，选择适合自己的职业，发挥自己的强项；教学过程中，要重视学生的个体差异，因材施教，讲究教学方法、教学内容的多样化，辩证地看待每个学生。多元智能理论迎合了我国"以人为本"的职业素养教育思想，为当前我国职业素养教育的改革发展提供了新的理念与依据，是提高高等教育质量的有效途径之一。

三、素质教育理论

20世纪80年代中后期,"素质教育理论"应运而生,成为教育界的焦点。不论是《中共中央关于教育体制改革的决定》,还是《中国教育改革和发展纲要》或《中共中央国务院关于深化教育改革全面推进素质教育的决定》,都强调要全面加强素质教育,提高学生综合素质,促进其全面发展。笔者认为素质教育指,通过科学的教育途径,充分发掘人的潜能,培养学生的主体性和主动精神,全面提高学生综合素质,使其得到全面、充分、和谐发展的教育。素质教育主要包含以下三方面内容。

一是以学生自身先天禀赋为基础,进行生理素质教育及潜能的开发。

二是注重学生的个性差异,进行健康生理、心理品质的培养。

三是将人类创造积累的文化成果(道德、科学、艺术等方面)通过教育内化为学生的认知,对其进行文化素质教育。

素质教育从社会需要出发,注重培养受教育者的学习态度、学习习惯、学习能力,以促进其全方面发展。

素质教育符合当今的人才培养要求,也是社会和谐与可持续发展的战略需要。当前市场经济快速发展,对未来的劳动者提出了越来越高的要求,大学生只有具备较高的素质,才能在社会上立足。

四、最近发展区理论

俄国心理学家维果茨基被誉为"心理学中的莫扎特",20世纪30年代,他放弃了对教学与发展问题的研究,首先提出"最近发展区"理论。这一理论对整个世界产生了巨大的影响,受到各国教育心理学家的关注。最近发展区也叫"潜在发展区",包含两个概念,即"现有发展水平"和"最近发展区"。所谓"现有发展水平"是指个人独立解决实际问题的能力,而"最近发展区"则指个人独立解决问题的实际能力与在他人的帮助下或合作中解决问题的潜在能力之间的差距。

维果茨基明确提出,教学创造着最近发展区。在学生成长中,教学影响其发展的方向、速度,以及智力活动的特点,即学生实际解决问题的能力是由教学决定的。根据"最近发展区"理论,教师应该在教育中充分了解学生的各方面情况,扮演"合作者"和"促进者"的角色,激发学生的学习兴趣,帮助学生全面发展。

"最近发展区"理论对于我国当前大力倡导发展高等教育,提高教育质量具有一定的借鉴意义。高等教育要面向全体学生，要激发学生的学习兴趣和积极性。因此，不管是实训教师还是理论教师，在布置任务之前，首先应该对大学生进行动态性的评估，即了解每个学生当前处于什么水平（包括技术能力、知识水平及身心条件）；其次，因材施教，根据学生不同的水平布置不同的任务；最后，对于一些"跳一跳"就可以完成的任务，教师应该提供一定的教学帮助，但不能完全代劳，也不能对之不闻不问，而应在关键时刻给予一定的指导。这样的教学模式，可以使学生在学习中发现自我，表现自我，增强主体意识，另外也有利于学生学会合作，学会交流，学会共同生活，进而促进职业综合素养的提高。

五、职业生涯发展阶段理论

职业生涯发展阶段理论是职业生涯规划理论的一个重要流派，由"职业指导"演化而来，最早起源于美国。职业生涯是职业人追求人生目标、实现人生价值的一个重要过程。每个人的职业生涯都由许多阶段组成，每一个阶段都有其特点。目前学界有以下四种具有代表性的职业生涯发展阶段理论（见表1-2-1）。

大学生大多为17—22岁，根据职业生涯发展阶段理论，他们刚刚进入职业选择期。职业规划成功与否，直接影响着大学生的就业。因此学校应该进行职业生涯规划指导，帮助学生分析自身条件、就业形势及专业发展趋势，找准就业定位，实现高质量就业。

表1-2-1 职业生涯发展阶段理论一览表

学者	理论名称	理论内容
萨柏	职业生涯发展五阶段论	成长阶段（0—14岁）：认同并建立起自我概念； 探索阶段（15—24岁）：通过学习进行自我考察、角色鉴定和职业追求，完成择业及初步就业； 确立阶段（25—44岁）：核心部分，找到一个合适的工作并谋求发展； 维持阶段（45—64岁）：维护已获得的社会地位； 衰退阶段（65岁以后）：逐步退出职业；
施恩	职业生涯发展九阶段理论	根据个体的生命周期特点及不同年龄段所处的职业状态及工作任务，把职业生涯分为九个阶段。个体参加工作后，逐渐形成与自身的才干、动机、需要和价值观相符合的职业发展观，并以此来寻找适合自己的职业

续表

学者	理论名称	理论内容
金斯伯格	职业生涯发展三阶段论	把职业生涯分为幻想期（11岁之前）、尝试期（11—17岁）和现实期（17岁之后）三个阶段
格林豪斯	职业生涯发展五阶段论	职业准备阶段（0—18岁）：评估并选择职业； 进入组织阶段（18—25岁）：在充分了解的基础上，获得一份理想的工作； 职业生涯初期（25—40岁）：不断学习，提高职业能力； 职业生涯中期（40—55岁）：重新评估早期的职业规划，改变或继续职业理想； 职业生涯后期（55岁至退休）：维持职业成就并准备引退

第三节　现代人才核心职业素养的重要组成部分
　　　　　——信息素养

在信息社会，信息是最活跃、最具有创造力的因素，对整个社会具有重要的影响。信息素养是现代人才核心职业素养的重要组成部分。

校园信息化建设和信息素养教育是教育战线对信息时代做出的积极回应。高等教育以培养为时代和社会服务的高等技术应用型专门人才为己任。如何将信息素养纳入高等人才培养目标和评价体系当中，充分利用信息化资源与环境，构建符合时代需求、突出职业特色、高效可行的信息素养教育模式值得教育学界深入研究。

当前，西方发达国家把现代人才的可持续发展能力称为"核心能力"或"关键能力"，并将其列为人才培养的重要内容。教育部在《关于加强高职高专教育人才培养工作的意见》中明确要求"既要突出人才培养的针对性和应用性，又要让学生具备一定的可持续发展能力"。人才"可持续发展能力"的提出符合知识经济时代对人才发展能力的新要求。

众所周知，知识更新周期缩短、产品更新换代加速是知识经济社会的显著特征。与此相适应的是职业更迭频繁，劳动岗位全面流动，学生仅靠学校教育已不足以应付生存与发展的长期需要。学习终身化成为必然的趋势。

调查显示，继续学习的能力、不断创新的能力是现代企业对人才素质要求的重要方面。终身学习使职业生涯的可持续性发展、个性化发展、全面发展成为可能，已成为职业生涯中的重要组成部分。对于个体来说，实现终身学习首先要以正确的学习观念和良好的个人学习能力为基础，而21世纪最重要的学习能力就是学会管理知识和处理信息，即具备良好的信息素养。

如今，信息素养已经成为人进入社会的先决条件，是人完成职业活动以及谋求职业持续发展的一种关键素质。美国教育技术CEO论坛早在2001年就明确提出，21世纪人所必备的能力素质包括基本学习技能（指读、写、算）、信息素养、创新能力、实践能力等。我国劳动和社会保障部目前在全国逐步推广的八项核心能力（与人合作、交流表达、解决问题、自我提高、数字演算、信息处理、创新创造、外语应用）中也明确将信息处理归结为一项核心能力。由此可见，良好的信息素养已是当前核心职业素养的重要组成部分。教育要面向现代化、面向世界、面向未来，就必须对信息时代做出积极的回应。

一、现代大学生职业素养培养的特殊性分析

高等教育要以职业发展为导向，以培养服务于时代和社会的高等技术应用型专门人才为目标，在人才培养方面要兼顾职业能力培养，强调人的全面发展。能够满足现代社会需求的人才应该是适应国际环境的通用型人才、拥有持续学习能力的知识技术型人才、高素质的创业人才和综合素质较高的职业型人才。《中共中央国务院关于深化教育改革全面推进素质教育的决定》中要求："职业教育和成人教育要使学生在掌握必需的文化知识的同时，具有熟练的职业技能和适应职业变化的能力。"此要求明确了现代高等人才培养的主要内容应包括必需的文化知识、熟练的职业技能和适应职业变化的能力。

面对时代和社会对现代高等人才的能力要求，要真正实现高等人才与市场需求的"无缝对接"，高等院校需要准确认识以下两方面关系。

（一）学生专业技能发展与核心职业素养培养之间的关系

"能力本位"是当前高等教育人才培养的基本特征。这里的"能力"强调的是职业能力，包括专业技能和（核心）职业素养两个方面。专业技能培养是高等专业人才培养的重要环节。良好的专业技能是职业人才有效就业的前提。而（核心）职业素养包括学生的语言表达能力、公关能力、信息处理能力、应变能力、决策能力和创新能力等，会影响学生的就业与可持续发展。只有专业技能和职业素养两者协调发展，才能构成完整的职业能力。

但结合当前高等教育的现状，教育管理阶层主要以专业技能和社会就业为导向，培养方案和课程设置主要围绕学生的专业技能训练，忽视了职业素养的培养，从而也就忽视了学生的可持续发展能力。

高等人才社会职能的实现，要建立在两个最重要的基础之上：一是具有符合社会需求的专业技术；二是具有良好的个人职业素养。良好的个人职业素养不仅是专业技术得以应用和创新的基础，也是职业生涯能够健康稳定发展的保障。信息素养作为现代职业素养的重要组成部分不仅关系到信息时代人才自主学习和持续学习能力的培养，还关系到人才创新能力的发展。成都航空职业技术学院的刘晓波等构建了高等人才核心职业素养培养的五项关键职业能力，他们认为，发现和解决问题的能力是大学生取得成功的关键，具体包括信息处理能力和创新能力。信息处理能力的关键是对计算机及网络技术的掌握和运用，是对信息的收集、整理、分析、判断、概括的能力，是个人和社会组织求得生存和发展的必备能力，也是创新的源泉和基础。

高等教育是为学生今后的持续发展奠定基础的教育。现代社会需要现代化的人。高等教育必须将信息素养纳入人才培养目标和评价体系当中。

（二）学生信息素养培养与终生学习能力之间的关系

当前，由于大学的扩招，高等院校的学生生源参差不齐，部分学生的自主学习能力差，没能形成良好的学习习惯和正确的学习方法，学习现状不甚理想。

大众传媒技术的迅猛发展和普及致使信息和知识急剧膨胀，整个社会成为一个开放的信息环境，网络信息资源和虚拟知识宝库将人类带入电子学习时代，自主学习模式发生了很大变化。学生接收信息的时间大大缩短，容量大大扩充，但如何在"知识海洋"中发现真正的知识、获取和利用需要的知识是当代学生面临的共同问题。有的学生缺乏学习兴趣，有的学生渴望学习却不知道怎么学习，这是当前大学生普遍存在的问题，这种状况对于人才培养十分不利，必须给予积极的、正确的引导。

电子学习环境下学生学会学习的前提和基础是提高自身的信息素养。信息素养从纵向来看，可包括基础信息素养、专业信息素养和综合信息素养三个层面。

基础信息素养包括学生对信息重要性的认识程度和吸收信息的自觉程度；具备获取、评价、分析所需信息和一定程度的应用信息的能力；了解信息获取、加工、传输、表达过程中应遵守的道德准则等。基础信息素养是信息时代大学生应该具有的基本素养，是养成良好学习习惯和培养自主学习能力的有效前提。

专业信息素养是指学生在专业学习过程中自觉地利用信息技术创造性解决专业问题，有效地利用信息技术提升自身的专业实践水平的能力。专业信息素养具有明显的专业指向性，是专业人才专业能力的重要构成。

综合信息素养建立在基础信息素养和专业信息素养的基础之上，关乎持续学习和终身学习。因此，信息素养培养不是一蹴而就的，而是一个渐进式的过程体系，它与学习能力息息相关，如图 1-3-1 所示。

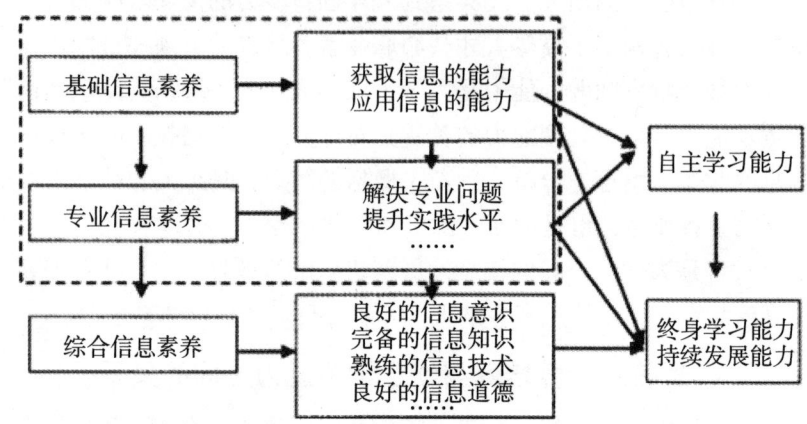

图 1-3-1　信息素养培养与学习能力

二、大学生分段式信息素养培养体系构建

泛信息化环境下，各高校应结合市场对人才的能力需求现状，以学生的自主学习能力培养为阶段性目标，以终身学习能力和可持续发展能力培养为终极目标，立足现代高等人才培养目标与方式，构建一种贯穿学生整个在校学习过程的分段式信息素养培养模式。目前，高等院校普遍采取的是三年制、校企联合的人才培养模式，强调以产促学、以研促学、以学助产助研的多向互动。分段式信息素养培养体系的构建遵循了大学生的认知规律和知识建构的逻辑顺序，参照了当前国际普遍应用的大学生信息素养能力标准。

高校应发挥专业教师的力量，着重结合专业知识学习和专业实践，采取探究式和任务驱动式的教学方式，有针对性地进行专业类信息资源和检索工具使用的培训，培养学生的信息搜集、应用能力，自主学习能力和知识转化能力，为其走向社会进而有效就业和长效从业增加筹码。经过基础信息素养和专业信息素养的训练，学生的信息意识能够有所增强，从而具备一定的信息知识，并具有信息伦理道德意识，走向社会和工作岗位后，能自觉运用所学知识和技术提升自身的职业能力，为终身学习和可持续发展奠定基础。

信息素养是 21 世纪人们进入社会的必备条件，也是人们得以持续发展的关键条件。高等院校应将信息素养培养纳入人才培养计划，积极创造有利条件，促成信息素养培养目标的实现。具体工作包括以下几方面内容。

第一，充分认识到信息素养对人才职业能力发展的重要性，争取学校相关部门的支持与配合，为信息素养教育提供物质保证。

第二，营造良好的信息化环境，包括信息一体化教室的建设、第二课堂的开辟、校内实习基地的建设等。

第三，引进、自建、集成符合高等教育需求的专业信息资源，如专题数据库的建设、专业文献资源的序列化和数字化、精品课程的开发等。

第四，形成图书馆和系科的良性互动，加强馆员和专业教师的信息素养培训，架构图书馆和系科及相关部门的沟通渠道，实现基础信息素养和专业信息素养的有效嫁接等。

第四节 大学生职业素养教育的意义及保障措施

一、大学生职业素养教育的意义

（一）大学生职业素养教育体现了以人为本的教育理念

职业素养教育对学生的影响，具有潜移默化、深远持久的特点，决定了其能够"尊重人、关心人、凝聚人、培养人、发展人"，体现了以人为本的教育理念。它对人的综合素质和终身发展能够产生深远持久的影响，即润物细无声地促进广大学生的全面发展，最大限度地延伸育人为本的效果，最大限度地发挥德育为先的功能作用。职业素养之于学生，应当是一种精神上的内在需求、普遍需求，也是终生相伴的需求。因此，高校要靠职业素养教育舒缓学生的就业压力，温润学生的美好心灵，涵养学生的多彩人生，丰富学生的精神世界，保障学生的文化权益。

（二）大学生职业素养教育是高校人才培养的重要目标及手段

职业素养教育的提出正是缘于近年来学生令人担忧的职业素养现状，这深刻地折射出目前职业素养教育的边缘化、碎片化、低效性。职业素养教育已成为高校人才培养的短板和薄弱环节。职业素养教育正在力求突破目前高校人才培养中技能至上的狭隘，将人才培养与素质养成有效衔接，从而实现从"专业

大学生职业素养教育与提升

技能"向"德才兼备",从"职业能力"向"职业素养"的转变,将职业素养教育在人才培养中的特色和优势发挥至最大化。

同时,不能将职业素养教育仅仅作为一种手段和一种支撑来强调,其应该成为高校内涵建设和提升质量更深层次、更高境界的追求。这既是对职业素养教育地位、作用、价值认识的新飞跃,也充分反映出时代赋予了高校新的历史使命,充分体现了高校在人才培养上的战略眼光。

(三)大学生职业素养教育是经济社会向前发展的助推器

当前,我国经济社会正处在经济体制转型、社会形态变迁的战略机遇期,既有许多发展机会又面临诸多挑战。大学生是国家宝贵的人才资源,是实施创新驱动发展战略和推进大众创业、万众创新的主力军。无论是经济社会的发展还是组织的发展都呼唤具有良好职业素养的高素质人才。深入开展大学生职业素养教育无疑成为提升国家软实力,促进经济社会实现科学发展的重要保障。同时,高等教育的发展也开始从注重数量、规模向注重质量、特色转变。结合高校的发展定位和专业人才培养目标,推进职业素养教育,打造高校特色文化、培育高校特色品牌,既是实现高校创新发展、特色发展的源动力,又是提升高校竞争力的必然选择。

二、大学生职业素养教育的保障措施

要想提升大学生的职业素养,需要我们科学把握职业素养的特性和规律,需要我们深入思考职业素养教育的保障措施。

(一)增强职业素养教育的组织力

职业素养教育是一项复杂的系统工程,不能奢望以一般性的号召来实现整体的突破,需要主动建构、科学设计、系统规划。各高校应在深入调查研究现状和问题的基础上,牢固树立"以职业素养教育为导向弘扬主旋律,以职业素养教育为动力提升育人质量"的建设理念,全面挖掘校内外资源,学习和借鉴其他高校的特色经验和有效做法,积极制定职业素养教育的发展战略和规划;提出职业素养教育的主题和主线,明确职业素养教育的指导思想、目标任务、基本原则、内容载体等;制定清晰的时间表和路线图,对职业素养教育实行卓有成效的目标管理,从而形成完整的职业素养教育体系和框架,系统勾画出职业素养教育的发展蓝图,促进职业素养教育不断向前发展。

（二）健全职业素养教育的相关机制

职业素养教育是一项长期的战略任务。体制机制的建设尤为重要，因而各高校需要建立健全与职业素养教育内涵建设相适应、遵循职业素养发展规律、符合学生身心特点的具有可操作性、全面规范的体制机制；将职业素养教育贯穿人才培养的全过程，与高校中心工作一起部署、落实、考核。

为此，需要建立健全调查研究机制，坚持以课题或项目的形式，对职业素养教育规律、学生对职业素养教育的关切和需求等进行研究；需要建立健全组织保障机制，进一步完善党委统一领导，分管领导亲自抓，相关职能部门具体负责，全院各部门齐抓共管，全体教职员工积极参与的工作格局；需要建立健全督导评估机制，对职业素养教育的发展状况、取得的成效、存在的问题进行评估，定期进行督促检查，以促使责任的担当和职责的履行。

（三）完善职业素养教育的相关体系

职业素养教育是一个内容涉及面广、途径丰富多样的实践过程，必需认真探讨职业素养教育内容之间的关系，努力整合职业素养教育途径，始终突出职业素养教育的实践性和创新性，使其形成一个有机整体，产生最佳效果。

1. 以课堂为载体，完善职业素养教学体系

不断完善职业素养教学体系，推进教育教学改革。在言传身教中培育学生的职业素养：通过职业素养教育必修课、选修课、专题讲座、网络课程等多种形式，将职业素养教育贯穿高校教育的各学科专业、各课程类别以及人才培养的全过程；实施分类、分层教育，充分发挥课堂教育的主渠道和主阵地作用。

2. 以活动为载体，完善职业素养实践体系

不断完善职业素养实践体系，把围墙推倒，充分利用校内和校外两种不同的资源，通过实践、实习、实训基地建设让学生在校期间全过程、全方位地融入社会、融入市场、融入企业。在实践育人中培育学生职业素养：要抓住重大事件和重大时间节点，根据学生关键阶段的需求，创建多元情境，开展有针对性的系列教育活动，充分发挥校园活动对学生职业素养培育的潜在感染和榜样示范作用，使学生受到身边人、身边事的熏陶教育。

3. 以文化为载体，完善职业素养引领体系

不断完善职业素养引领体系，用多彩的校园文化活动引导学生提升职业素养，努力推广和展示文明清新的行为文化。坚持把职业素养理念和精神糅合渗透到校园规划设计的一景一物中，用丰富的校园景观引导学生提升职业素养，注重提升凸显个性和特色的物质文化；坚持努力打造严格规范、系统科学的制度体系，切实提升对制度的执行力，积极完善刚柔相济的制度文化。

（四）打造职业素养教育品牌

职业素养教育是一项追求和注重实效的落地工程，必须依赖具体的项目实施，因而职业素养教育项目的打造非常关键。高校应通过职业素养教育项目建设，让学生感到职业素养教育就在身边，从而感受教育的力量，领略素养的真谛，自觉接受学校所倡导的理念和规范。为此，高校应紧密围绕立德树人的中心任务和整体目标，紧紧把握当代大学生群体的新特点、新变化，打造能够凸显职业素养特色、符合师生特点的教育项目，从而不断增强职业素养教育的生机和活力。只有多策划广大师生喜闻乐见的项目，多建设直指人心的项目，才能营造良好氛围，才能多出成果，才能提高职业素养教育的吸引力。

（五）搭建职业素养教育的新平台

职业素养教育要取得成效必须搭建好平台。为此，高校应充分调动各方面力量，充分利用各资源，采取得力措施，搭建起支持职业素养教育的新平台。

1. 网络平台的搭建

随着时代的发展，数字技术、网络技术迅猛发展，日益广泛和深刻地影响着师生的学习、工作和生活，同时也为职业素养教育提供了新的平台和机遇。职业素养教育必须重视借助新媒体平台，充分利用新媒体样式，把互联网作为职业素养教育的新阵地。

2. 基地平台的搭建

各高校要拓宽职业素养教育的渠道和空间，广泛利用社会、行业资源，共建教育基地，形成校内校外良性互动的机制。

3. 传播平台的搭建

各高校要努力构建技术先进、传输快捷、覆盖面广的传播平台，以此提高职业素养教育的辐射力和影响力。

第二章 我国职业素养教育的现状与问题

第一节 国内关于职业素养教育的相关研究

目前国内针对高等院校学生职业素养培养的理论研究比较多,实证研究相对较少,研究文献多是期刊小论文,系统的硕士论文少之又少。文章多从课程建设、师资建设、课堂教学模式建设、基地建设等单独某一方面进行对策性研究,没有系统性的研究。现笔者根据研究的主要内容,对现有学者的研究成果进行简要综述。

一、职业素养内涵的相关研究

"职业素养"这一词语的产生是与当前社会对人才的要求不断提高的现状相呼应的,是一个特定时间的产物,其界定的主观性比较大,缺乏统一性。

张广贤认为,"职业素养是一个人在工作中表现出来的知识、素质、技能"。比如职业礼仪素养、就业诚信素养、创新素养、无私奉献素养、沟通合作素养等。

洪惠敏指出,"职业素养是职业人在职业实践活动中表现出来的意识和物质层面的综合品质"。物质层面包括专业技能、革新能力、择业创业能力等;意识层面包括思想政治、职业道德、职业意识等。

陆刚兰从人才培养定位角度把职业素养分为非专业素养和专业素养。非专业素养包括思想品德素养、道德文化素养、合作素养及良好的身心素养;专业素养指跟专业相关的素养,具体包括专业技能素养、就业素养及创新素养。

刘兰明指出,"素养"是指人通过长期的学习和实践在某一方面所达到的高度,是一种较深层次的能力素质要求。

魏景荣则把职业素养分为隐性职业素养和显性职业素养。他借用美国心理学家麦克兰提出的"素质冰山理论"解释了职业素养(如图3-1-1)。海平面之上的是显性素养,包括职业行为、职业技能、专业知识等;而潜在水面之下的是隐性素养，包括个人的职业道德、职业意识、职业态度等，两个加在一起就构成了一个人的全部职业素养。

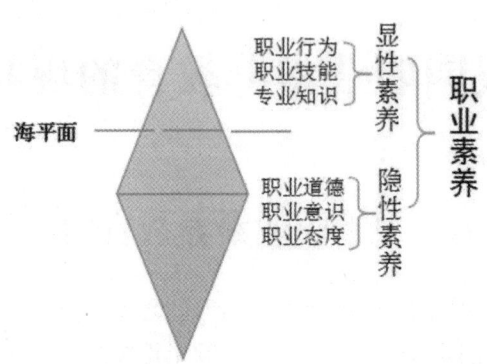

图 3-1-1　素质冰山理论构成图

总之，从现有资料看，职业素养的含义因学者的研究侧重点和视角不同而存在差异，但总体来说，虽然使用的词语不尽相同，但内涵基本趋同。

二、职业素养现状的相关研究

从学校性质看，目前我国相当一部分院校创立历史不长，历史文化积淀不厚，这部分高等院校没有形成良好的职业素养培育氛围，本身缺乏职业素养教育意识，培育目标急功近利，对学生的自我发展缺乏重视；学校德育内容表面化，缺乏操作性；课堂评价方式单一；案例教学法应用不到位；课程之间缺乏渗透与融合。学生需要在学习专业知识的同时提高综合素质，这对办学时间短、经验不足的高等院校的学生来说，存在很大难度。

从教师方面看，目前高校中的"双师型"教师较少，专业技能强的教师专业理论知识欠缺，而专业理论知识扎实的教师定期培训机会少，操作技能不佳。目前教师往往一身多职，忙于行政及教学科研，无暇顾及学生的职业素养教育，学校也没有开设专业的职业素养类课程。政治老师、辅导员则认为职业素养教育是企业或者初高中的事情，与己无关。当前大学生缺乏职业素养的原因无外乎以下三点：教学注重书本理论知识的传授，忽视学生实践与理论相结合的综合训练；注重提高专项能力而忽视综合素质的培养；注重专业理论知识教学而忽视职业道德、敬业精神的养成。目前大部分专业课教师意识到了职业素养培养的重要性，但他们均认为专业课的主要任务是培养学生的职业技能，而思想道德素养、职业指导等都属于德育范畴,是德育教师及辅导员应完成的任务。

从社会方面看,主要是受传统观念、市场经济和政府行为导向的影响:首先是受传统儒家及官本位思想的影响,社会上的价值观趋向一元化;其次是受市场经济的"唯经济主义"的影响,重视自身局部利益;最后是政府的资金投入问题。

此外,家长自身的素养、家庭教养方式、家庭结构等家庭因素对大学生职业素养也有重要的影响。

三、提高职业素养的相关对策研究

目前,国内许多学者对于如何提高大学生的职业素养提出了各类建议。纵观相关文献,笔者发现学者多从师资建设、学生自身、实践技能锻炼、校园文化、实训基地等几个方面提出建议。

魏景荣指出,面对经济发展,学校在提高大学生专业实践能力的同时要加强以下几方面的建设:一是要强化高等教育的高层次性,注重提高学生的创新能力、终身学习能力;二是要培养学生较强的应变能力和心理承受能力,使其能够迅速地迁移所学的知识以适应新的环境、新的行业和新的岗位的要求;三是加强校园文化建设,利用良好的校园文化氛围,精心设计校园文化景观,重视学生的社团建设。

张广贤提出,应该在注重培养学生技能的同时,采取多种措施加强学生的职业素养培养工作:充分发挥政治理论课的作用,重视学生人生价值观的养成,加强学生人文素养的培养;强调学生实践素养的培养,加强实训场所建设,提高学生的实践操作能力;加快培养双师型教师,有计划地聘任实践经验丰富的学者、专家、企业人员到学校做兼职教师,同时对学校的教师进行全方位的实践培训。

李宗泽从国学角度阐释了对大学生职业素养培养的途径。教师在课堂教学上,以儒家国学的"仁、义、礼、智、信"为基础,引导学生树立正确的人生观、价值观、世界观;在日常管理中,运用儒家思想渗透"仁、义、礼、智、信"的思想精髓,以此为基础提升学生的职业素养,培养学生良好的行为习惯;以儒家思想为主题,开展丰富多彩的校园活动,营造良好的校园职业道德培养氛围;充分利用社会实训和专业实践平台,培养学生博学笃行的职业能力,实现"德技双馨"的培养目的。

白鸿辉教授提出,参加实践技能训练是高等教育进行职业素养培养的核心环节。首先，高等院校应该在企业调研的基础上制定出专业实训的规范，以企业的标准要求学生；其次，学校应尽可能创建相似的车间模拟环境，使学生们得到更真实的车间生产体验；最后，在实训锻炼中，教师应严格按照企业规范考核学生。

第二节　我国职业素养教育存在的问题及其原因

一、我国职业素养教育存在的问题

（一）显性教育与隐性教育不均衡

"冰山理论"告诉我们，对一个人的综合素质产生影响的不仅是看得见的知识和技能等"水上部分"，还包括看不见的个体性格、兴趣、价值观、心理动机等"水下部分"。由于冰山水上部分具有易发现、易测量的特点，高校在人才培养过程中往往重视对学生知识和技能的培养，忽略对学生个体隐性因素方面的教育，而职业素养更多是由水面以下看不见的隐性因素组成的，多少年来，相当一部分高校没有重视这方面的工作，甚至个别高校始终没有专门安排职业素养方面的教育教学。

（二）资源整合效果不理想

职业素养教育作为人才培养工作的组成部分，贯穿人才培养的全过程，要与全方位、全过程育人格局紧密结合。因此，高校必须立足学校、教师、学生、专业和课程五大层面系统推动职业素养教育工作，立足全校整合有效资源，调动全校各环节、各部门的积极性和主动性，必要时建立专门组织，牵头协调校内资源，对外充分挖掘教育载体，利用校企合作平台，广泛发动社会、企业、政府共同致力于大学生职业素养教育，实现社会资源转化为职业素养育人资源的目标。

（三）重视就业目标的实现，轻视职业素养的提升

不得不承认，高校扩招为我国社会主义建设事业培养了大量高素质专门人才，也满足了广大有志青年接受高等教育的愿望。然而，面对新时代的中国，我们不仅需要数以千万计的掌握知识技能的专门人才，还需要具备踏实勤奋、爱岗敬业等较高职业精神和素养的社会主义建设者。各高校在努力培养学生技

能、提高就业率的同时，务必重视学生的职业素养教育，只有从长远考虑，才能真正实现可持续发展。

（四）缺乏实践教学环节

大学生的综合素质，既包括基础理论知识，也包括职业素养，其中实践能力最为重要。传统教育教学理念认为，学生进入学校的目的就是学习知识理论，学校层面和教师层面往往忽视学生实践能力的培养。在实际教育教学过程中，部分教师重视课堂教学，轻视实践环节，部分高校压根没有搞清楚一体化教学的概念，日常采取满堂灌的教学模式，没有系统的实践教学环节，即使进行了实习实训，也是重形式轻内容，长期下去，必将影响大学生的全面发展。

二、我国职业素养教育存在问题的原因

只有找到职业素养教育存在问题的原因，才能更好地制定职业素养培养方案，从而提升大学生的职业素养。下面从政府、学生两个层面进行剖析。

（一）政府层面的原因分析

政府是高等教育的投资主体，也是相关政策、法律、法规的制定者，引导着高等教育的发展方向。只有政府带头重视职业素养教育，才会在社会上形成一种风尚。随着高等教育的不断壮大，政府对高等教育投入不足、相关法律政策落实不到位、配套设施建设不完善等问题逐渐凸显出来，影响了高素质现代专门人才的培养，也影响了高等教育的长远稳定发展，使得高等教育偏重理论知识的培养，却忽略了职业素养的培养。

（二）学生层面的原因分析

1. 自我认知不明

近年来，社会上出现了结构性就业难的问题。而媒体对于"企业高薪聘请技工""企业高薪招聘不到技术工人"等现象的反复宣传，使大学生产生了错误的认识——只要有技术，就可以拿高薪。他们在校期间重视对专业知识的学习，努力提高自身技术水平，而对自身人文素养关注较少，对自己的兴趣爱好、能力、特长、职业定位缺乏理性认识，对未来的职业发展毫无规划。这个阶段的大学生虽然认知能力不断提高，但是由于缺乏社会经验，是非辨别能力不强，接触社会上的不良信息后，容易盲目跟风，进而影响健康人生观、价值观的形成，最终影响职业素养的培养。

2. 自控能力不强

进入大学，课程安排不如高中的时候紧凑，加上不用考虑升学问题，一部分学生都是"60分万岁"的心理，自控能力较差，在学习上不喜思考、不求甚解，喜欢依赖他人。另外，学校对于学生的管理与高中相比也相对宽松，大学生有了更多的课余支配时间。但是部分大学生没有充分利用好课余时间，把时间浪费在了谈恋爱、玩手机、打游戏、睡懒觉上，更别提利用课余时间提升自己的职业素养了。

3. 自我定位不准

面对严峻的就业形势，一些大学生缺乏正确的自我定位与自我评价，存在两种就业心态。一种是盲目乐观型，受身边同学及"唯利主义"市场经济的影响，这部分学生在择业时更多地考虑眼前的个人利益，喜欢压力小、工资高、地理位置优越的工作，完全不顾自身实际能力及家庭情况。另一种是过分自卑型，这部分学生缺乏自信，缺乏长远的职业规划，加上自身文化水平有限，而专业学习又有一定难度，导致其出现了厌学情绪，这不可避免地影响了大学生职业素养的培养。

第三节 关于大学生职业素养教育和提升的思考

一、大学生职业素养提升的有效途径

高等院校培养的学生能否顺利就业，在很大程度上取决于学生的职业素养的高低。学生的职业素养越高，其获得成功的机会就越多。因此，对学生开展职业道德、社会责任感、创新能力和心理承受能力等方面的教育，是高等教育不可或缺的组成部分，也是职业素养教育的重要内容，必须摆在现代人才培养的突出位置。基于这种对现代人才培养的定位与认识，目前高校提升学生职业素养的主要途径在第一课堂，必须将素质教育的内容纳入能力训练的项目课程，进教材、进大纲、进考核评价，切实将职业素养的培养贯穿现代人才培养的全过程。

（一）让职业素养的培养进入高校的课程、课本与课堂

课程是学校教育的灵魂，开发职业素养提升课程，明确职业素养的培养要求与内容是高校眼下职业素养培养进课程首先要解决的问题。从理念的层面上

讲，大学生职业素养培养的重要性与必要性已为高等教育界普遍认同，但要想具体融入培养计划、开设的具体课程、实施的课堂教学环节之中，绝非易事。所以要使得职业素养的培养具有针对性与有效性，首先需要明确职业素养培养的目标，将职业素养的培养落实到具体的课程之中。

而且职业素养培养课程的目标一定要具体化，要有一定的指向性、可操作性与可评价性。当前高等教育改革的热点是，通过校企合作、工学结合的路径，开发项目课程结构式的现代专业人才培养体系，以改变以知识传授为主的传统教学模式，从而突出高等教育的实践性、能力培养的主体性、教学模式的项目特色性，这种项目化课程体系与项目化教学模式，比较适合大学生的学习特点与职业成长规律，较好地解决了"学的东西无用武之地"的问题，成为当今高等教育改革的主流方向。

但整体来看高等教育的项目化改革，仍然突出能力培养主线，开发的是能力训练课程，在推动由学科结构向项目结构转化的专业课程体系改革中，职业素养培养的内容依然游离于能力训练项目之外，没有进入体系的项目规划之中。这样的项目化课改势必不能解决好大学生职业素养提升的问题。所以要想提高人才培养质量，在关注大学生职业能力训练的同时，职业素养的培养训练也必须作为一个重要的开发项目：从顶层设计项目化课程体系开始，梳理职业素养的学习内容，寻找合适的学习项目载体；以工作实践为起点，围绕服务于学生的职业生涯发展，设计专门的职业素养提升项目。

比如化工类的专业，可以开发职业危害与安全防护、环境保护等学习训练项目，有意识地通过素质训练学习项目，营造职业素养的培养环境，将学生职业素养的培养和提升纳入以专业能力训练为主的人才培养计划，由零落不自觉的职业素养培养状态变为自主的有计划的职业素养提升过程，有效地提升大学生的职业素养，实现专业能力提升与职业素养提升的有机结合。

（二）推行综合素养评价模式改革，为职业素养培养营造良好的实施环境

加大对大学生职业道德、职业知识水平、职业素养培养水平的考核与评估，不断完善大学生能力与职业素养培养的评估机制，逐步建立大学生能力评价机制、职业素养评价机制相结合的多元评价模式，建立能够促进学生全面发展的评价指标体系，这对于保障职业素养的培养效果具有十分重要的作用。

在现代人才培养模式的改革进程中，课程模式、课堂教学模式、教材模式的改革推进得很快，这些改革不仅提高了高校课程、课本、课堂的生动性与有效性，而且全方位地提升了学生的综合能力，在提升学生综合素质和就业能力方面取得了显著的成效。但在与之配套的评价模式的改革方面，很少涉及。

目前项目化课程改革中涉及的考核模式，依然强调理论认知，重视能力评价，轻视综合素质。因为在各种形式的评价体系中，对素质的评价一直比较难，会涉及评价的主体、评价的标准、评价的过程、评价的方式等，鉴于评价指标是个软性指标，其内涵丰富、涉及面广，不好定量客观描述、评判，所以实施起来非常复杂且不好操作。多数学校大多采用以班主任、辅导员、学工部门为评价主体的德育全面衡量原则，给出一个很"宽泛"的评价，作为各种评奖评优的重要参考依据。这种评价不仅起不到重要的导向作用，反而成为"考而优则优"评价机制的陪衬。

因此，要真正建立有效的学生综合素质评价体系，离不开教育行政主管部门的牵头。高校应实施"以学生为中心"的综合素质评估制度，建立学生能力评价、职业素养评价相结合的评价标准，以让学生能更充分地发挥主观能动性为前提，针对不同学生的能力、职业意识、职业道德、职业规范及兴趣、特长、潜力等设置多层次、开放性且具有选择性的考核形式，以考核和评估来加强学生对职业素养的重视，营造良好的职业素养教育环境。

二、大学生职业素养培养的重点

（一）以培养学生职业意识为先导

现在我国的就业一年比一年难，就业问题已成为广大群众十分关心的问题。那些刚刚从学校毕业的学生，因为没有工作经验，找工作非常困难。一方面是因为现在的就业门槛比以往提高了不少，另一方面就是现在的学生缺乏工作经验，以及缺少职业意识。

当然缺乏工作经验是主要的原因，还有一个主要原因就是专业不对口。一些媒体曾经在报道中提到现在很多正在求职的学生都认为难以找到工作的原因之一就是自己以往所学的知识和社会职业需求不能够完全匹配。这一方面反映出就业和职业之间的重要关系，另一方面也反映出一些学生在高等教育阶段没有接受足够的职业素养教育，以致影响了他们毕业后的择业。

某高校曾做过一个调查，询问部分学生对他们所学专业是否满意，结果有22%以上的学生表示对正在学习的专业不满意，有超过15%的学生反映他们在进入大学前对自己选择的专业完全不了解，很想另选专业。虽然现在很多高校已经为学生开拓了很多就业渠道，结合专业技术实践特点，构建了实习基地，并根据他们的专业特征和就业方向，设置了就业指导中心，但是在目前的高等教育体系中，学生是很难换专业的。因此从高等教育阶段就对学生开展专门的就业指导工作是非常有必要的，而且应该让更多的企业参与到人才培养中来。

另外，大学生在选择专业方面存在一定的问题，高考在我国传统的教育体制中属于十分重要的环节，主要内容为专业选择以及志愿填报，而上述两项内容是极为专业的，但学生及家长对此都不太了解，导致他们在进行选择的时候存在很多的疑惑。比如有一些学生和家长虽然在填志愿之前做了很多信息收集工作，听取了外界的不少意见，但是还是对最终的志愿填报不满意。

还有一些家长和学生的想法很简单，只要考上大学就可以了，急功近利地让孩子选择社会上的热门专业或者那些自认为毕业以后可以拿高工资的专业，完全不考虑学生的实际情况。很多家长和学生都错误地认为读大学只要获得文凭就可以了，没有真正地思考高等教育的目的是什么，没有认识到这与以后的工作其实是息息相关的。其实高等教育的意义在于通过人力资源管理来促进自身的发展以及体现自身的价值。所以学校很有责任帮助学生在这一阶段认识到这些问题，而与企业的联合培训，可以帮助他们合理地规划自己的未来生涯。

（二）以培养学生职业道德为基础

《公民道德建设实施纲要》指出："从业人员必须要具备符合职业特征的道德水准。"现在很多从业者会在工作中受到一些物欲和权利的诱惑，因此从业者需要有较高的职业道德修养，而职业道德修养的提升是一个比较长的修身养性的过程。高等教育阶段培养的学生是未来的劳动者和社会主义建设者，而他们的职业道德素养对以后他们从事的行业的职业道德状况有着极其重要的影响。很多事实表明，有很多人在工作后往往将精力都放在了如何提高业务能力上，却忽略了对自身职业道德的提高，结果做出了违反自身职业道德的事情，不但害人，还可能坑害国家和他人。所以尽早对他们进行职业道德教育是很重要的，而且任重而道远，因为这不但可以培养学生的高尚的职业道德情操，也可以更好地帮助他们养成非常良好的职业道德习惯，还可以让他们在以后的职业生涯中主动学习、不断提升自身的职业道德修养。

现在有些学校对于职业道德的培养不重视，其实应该把职业道德教育作为高等教育阶段的必修课程，把职业道德教育归入学校的德育教育中。如组织与职业道德相关的报告会、演讲会；也可以让学生自己到生活中去搜集素材，自己创作与职业道德相关的小品及故事等；或者在实习活动中让他们听一些劳动模范的教育讲座；也可以真正让他们到岗位上去实践，在实践中实现理论向实践的转化;也可以让学生对自己的职业道德进行验证,让他们明白职业道德的重要性。

笔者在某高校做过调查,结果发现学生经常会有的不良行为习惯主要有以下几个方面。详情见表3-1-1。所以对学生开展职业道德教育是一件很重要的事情,但我国很多地方的职业道德培养一直不足,使得一些学生的职业道德意识比较弱,这也从一定程度上使很多学生在就学期间就产生了急功近利的行为。比如有的学生为了获得所谓的实习经历而作假,根本不重视职业道德的培养,一心只想获得实习证明。正因为高校对学生的职业道德培养不足,才影响了学生对职业的正确态度,使得他们的主体意识不明确、职业生涯规划不正确、职业态度不够端正,这也从一定程度上影响了他们以后的就业。

表3-3-1 学生不良行为习惯调查

选项	百分比 /%
上课睡觉	35.24
不关注国家大事	5.42
经常迟到、早退、旷课	14.15
花钱大手大脚	14.76
不遵守课堂纪律	3.92
爱玩手机	12.35
爱说话	9.94
不参加集体活动	4.22

(三)以养成学生职业行为习惯为重点

部分教师在一定程度上还是将职业素养教育更多地局限在如何培养学生的实践能力上,如进行小制作、小实验等重复性活动,想法十分片面,没有什么创新,导致学生没有更多的机会去了解自己所希望从事的职业。高校对于学生的职业行为习惯也没有一个很好的培养。目前,我国的新课程改革紧跟重视高等教育阶段的职业规划教育的国际趋势,但是从我国现有的教育情况和条件来看,要想完全和国外的职业指导课程设置成一样的是不可能的。现在很多学校的职业素养教育对于职业行为习惯的培养始终不足,学生虽然有机会参与职业体验活动,但是没有过多的机会真正参与到实践中。现实中,许多的企业、事业单位等机构并不愿意为学生的职业素养教育提供帮助和支持,学生可以获得的实践与学习的机会偏少,不利于其养成良好的职业行为习惯。

高等教育时期是增长知识和接受行为习惯养成教育的最佳时期，如果对学生的职业行为习惯培养不足，就会对高等教育时期的职业素养教育产生一定的影响。

（四）以培养学生职业技能为特色

第一，发挥课堂教学的主渠道作用。课堂是职业素养教育的"主阵地"，教师要结合职业发展需求，培养学生必备的能力与素质，结合教学计划，将相应的内容安排到具体的课程当中。高校要在学习与生活中，积极培养学生的职业能力与兴趣，让他们真正能够以学习为乐，将在岗位上建功立业作为自己的准则；要培养其严谨的学风，让他们在学习和实践中，逐渐养成务实、严谨、求真、上进的作风，从而促进良好职业道德的养成；要建立职业技能"双考"机制，既有针对技能的等级评价证书，也有针对职业素养的就业资格证书；除教授学生基本的知识与技能外，还要不断提升他们的核心竞争力，让他们能够在激烈的竞争当中，占有一席之地。

第二，要构建校园文化教育体系，发挥其职业素养的培养功能。校园文化在培养职业道德、心理素养、职业情感等方面具有极为重要的作用。学校必须要采取积极的措施，致力于营造健康向上、奋发图强的文化氛围，让学生能够在充满正能量的环境中接受熏陶；要加强载体的运用，积极发挥校园网络、校园期刊以及校园广播等载体的作用，推动职业素养教育；加强兴趣小组或学生社团建设，让他们充分发挥自己的潜力；积极举办辩论会以及研讨会等，让他们的表达能力、创新能力、组织能力都能得到较好的提升。学校要依托课外培育基地，建立与科技、艺术、文化、技能等相关的培养体系；要激发学生的使命感与责任意识，将技能教育与道德教育作为"双重任务"抓好抓实，培养德才兼备的有用人才。

（五）构建新型职业素养训练体系

对于大学生职业素养的培育，单纯依靠教学部门是极不现实的，高校必须要将文化活动、理论教学与社会实践结合起来，从而让学生在整个成长过程中都能够感受到职业道德存在的意义。针对职业素养训练，各高校要设计相应的人才培养方案，在教育过程中，要将职业素养教育作为整个教育方案的核心，设计出科学合理、完整高效的教育体系；要根据国家、社会的发展需求，有重点地设置教学课程及内容，形成有特色、有弹性的教学计划；要加强校企合作，构建具有行业背景的教学体系，积极进行行业信息交流；要针对性地修改教学计划及人才培育方案，使学校教学结构始终与行业发展、企业需求、市场趋势相一致，直接做到"校园—市场—企业"一体化发展。

另外，高校还要构建符合职业素养发展的保障体系，要针对职业素养教育，加强师资力量建设，构建"双师型"教学队伍，引进部分一线专家作为专业课程的辅导员，以构建新型的职业素养培训体系。

三、构建符合发展需求的人才培养价值体系

当前教育的目标就是改变原来的应试教育使其成为更全面的素养教育，将学生培养成更加个性化、能独立思考的专业人才。可见教育观念的改革很重要。因此要提倡人本主义，要树立人本主义教育观，技能、素养、意识的培养都是缺一不可的。

企业的人力资源管理工作应将重心放在人力资源培训上，这符合企业的发展战略需求。如果有意识地对内部人力资源进行激励，必然能增强其工作的积极性和主动性，从而最大限度调动其潜能，为企业创造更多的价值。当前竞争环境日益复杂，企业开始有意识地降低人力成本，以提升企业的竞争活力。这也是如今大学生就业难的原因之一。因此，大学生必须要提升自己的职业素养，而要想提升我国大学生的职业素养，必须要全面构建符合发展需求的人才培养价值体系。具体策略如下。

（一）可持续发展的人力资源培养

1. 设计教学与培训相互促进的组织架构

高等院校应设计教学与企业人力资源培训相互促进的组织架构。从国外一些优秀的高等院校的示范可以看到，培训工作是其重要功能。因此，高等院校及教师需要具有培训的观念，建立培训与日常教学工作相互促进的组织架构。

一是实现培训与教学平衡发展，鼓励培训岗位与教学岗位之间的流动，使培训成为高等院校工作的重要组成部分。二是高等院校需要成立院校层面的培训工作领导小组，制定培训政策，进行培训变革管理，促进培训工作常态化，为教师开展培训工作创造一个良好的环境。三是明确培训岗位职责，落实培训政策，执行培训项目。在组织架构有效运行的机制中，推动高等院校企业培训的健康发展。

2. "双主体"办学模式对学生职业能力的促进

近年来，"双主体"办学模式在教学过程中的应用极为广泛，主要应用方式就是将企业与学校均视为教学主体，共同研究相应的教学内容，人才培养从

一方培育变为双方培育。在教学计划制订过程中，企业可以直接参与，根据实践发展提出自己的意见及见解；企业可以参与教学大纲的研究，根据大纲安排，新生在入学的半年后，必须要进入企业培训基地实习半年，第三年开始参与正常的商品生产。这种"双主体"的办学模式，不仅学生们较为认可，就连企业的人事部门也表示具有较强的实用性。学生只要到企业实习，不仅能享受员工的正常待遇，而且能够掌握大量的基础知识，随着相关技术的不断积累，其自我管理能力会得到持续提升，从而达到人职匹配要求。

采取"双主体"办学模式，不仅有利于企业的发展，而且能够让学生了解和掌握自己的就业去向及趋势，增强其对岗位实践的渴望及探究精神，对未来发展有所期待。学生实习结束返回校园后，能够主动回忆操作当中存在的不足及差距，从而有重点地进行补充。部分企业非常重视人才队伍建设，不仅为学生提供实习所需的场地及机械，还以报告会、奖学金等方式激励学生。由于在校期间，课余时间比较充足，部分学生对于课余时间不知道如何安排，加强岗位实践能够让他们提升和保持学习兴趣。采取"双主体"办学模式，有利于推动"校企对接"，从而推动职业素养教育的发展。

3. 开发包含职业认证资格的标准化课程

我国应借鉴澳大利亚等国的成功的职业素养教育经验，开发包含职业认证资格的标准化课程，如"培训包"。标准化课程"培训包"可以避免培训主体内容的随意性，实现行业的统一规范，同时可以节省教师的课程开发时间。从我国的国情出发，"培训包"的开发可以按照行业分类由行业协会联合高等院校共同完成。

4. 建立院校开展企业培训的激励机制

有效的激励机制可以提高高等院校参与企业培训的积极性，使院校培训实现可持续发展。在此过程中，高等院校提供培训服务，企业是服务的购买方，这是一种市场经济行为，因此激励机制的建立需要遵循市场规律。高校应给予在培训工作中做出贡献的教师一定的物质奖励，将培训与教师的个人发展相结合，规划培训教师的职业发展生涯，建立职称晋升通道，使培训工作与年度绩效考核挂钩，从而调动教师及院系参与企业培训的积极性。

在学科范畴上，职业素养教育属于人力资源开发领域，培训者需要具备专业的职业知识与技能。因此，提升高等院校教师的培训能力至关重要，能够保障高校的职业素养教育质量。

（二）职业发展能力的培养

1. 重视职业发展能力的培养

为更好地推动区域经济发展，为企业培育更多的优秀人才，各高等院校必须要转变思想，将科学育人放在首位，将知识教育转化为岗位实践，从而培养一大批质量过硬的人才队伍。高校要推动适应能力建设及发展，加大指导类及实践课程的比重，将体验法代入其中，全面提升学生的职业发展能力。

2. 专业学习项目化

高校必须要学会将学习项目化，一门专业课程就是一个完整的项目；必须要将社会实践作为主要的活动载体，将本职专业项目化、活动化及娱乐化，为学生创造宽松愉快的环境，在不增加他们负担的情况下，使他们变得更具有活力。教师要创造宽松愉悦的学习氛围，让学生的创新能力、管理能力得到最大的发挥；要充分利用第二、第三课堂的功能，围绕职业素养培训主题，培养学生爱岗敬业、尊重知识、不断创新的精神，激发他们的岗位练兵能力，不断促进职业发展能力的提升。

（三）学生职业道德的培养

1. 通过校园文化活动提升

首先，积极开展各类丰富多彩的校园专题活动，以此来引导学生的自我教育。比如在校园举办演讲比赛、辩论比赛或者职业场景模拟大赛等，让学生在参与校园活动中，推动职业情感与道德的升华；也可以定期组织诚信、德育方面的活动，让学生做到诚实守信，爱岗敬业。教师要坚守道德底线，坚持做到以诚待人，从而为学生做好榜样，让他们明白"诚信为立身之本"。

高校平时也可以组织学生参加帮困活动，主动为希望工程和贫困群众献爱心，主动为社区提供义务劳动和服务等。通过校园文化活动来促进学生的职业道德水平的整体提高，是非常有实效的。除此之外，高校还可以在校园中依靠报纸、广播和网络等手段开展职业道德教育，在校园里营造一个非常良好的职业道德舆论气氛，这样学生会在潜移默化中受到教育。学校和班级也可以组织各类文艺演出，让学生自己排练和演出职业道德小品，寓教于乐，以这样欢快又有教育意义的形式让学生提升职业道德水平。

其次，增强企业文化和校园文化的对接。高校可以根据实际情况设立一些适合大学生参与的活动，比如计算机编程竞赛、房屋建筑设计模型比赛，也可以搞一些诸如旅游线路设计比赛等，让他们在实践中感受企业对员工的职业道德品质方面的要求。

最后，充分发挥已经毕业的优秀校友的言传身教作用。高校可以邀请那些已经走向社会的毕业生回到学校进行演讲，这些人有的已是岗位上的技术能手，有的是职业道德标兵，或者有的已是劳动模范，让他们回到高校进行敬业爱岗演说，让他们讲述自己的职业故事，对于那些还在学校的学生来说，他们非常具有榜样性。

2. 在校内外实践中培养

对于学生职业道德的培养还可以借助校内外的实践活动来开展。岗位实践能够更好地推动素质训练，让学生能够及时了解和掌握职业道德的原理及规范，从而使实践与发展相一致。因此，学校可以利用实践的机会，引导学生积极参与到社会实践当中，达到对学生职业道德培养的目的。如鼓励学生积极参与社会调查及社会服务，让他们能够主动参与到慈善及勤工俭学活动当中，进而增强责任感与使命感，使他们具有良好的自立形象。为他们可以更好地树立起职业道德意识打下扎实的基础，比如湖北某高校就先后组织学生到社会基层和乡镇企业开展暑假调研和实践活动，让他们了解当地企业对于员工的聘用制度和管理方式，让学生在真实的工作环境当中，去体会和塑造职业道德，从而将其内化为自己真实的道德体系。

3. 借助教师的榜样示范作用来培养

最后通过教师的榜样示范作用来培养。不仅要让学生参与实践，也需要定期组织教师参加相应的实践课程，以便于提升教师的基本素质。从本质属性来看，职业道德是道德体系的重要组成部分，是经过实践检验的思想成果。它在实践当中，是存在具体形态的，能够将实践与理念结合起来。老师应该起到榜样示范作用，要教导学生爱岗敬业，学习要勤学、乐学和巧学；要以身作则让学生明白什么是诚实守信的良好品德；通过言传身教，让学生了解提升职业素养的重要意义。

（四）学生职业行为习惯的培养

1. 在日常管理中培养

现在我国实行市场经济体制，就业也不再是原来的包分配制度，所以当学生走上社会后必然会面对竞争，而学生要想能够在竞争中脱颖而出，必定要有一定的职业素养。因此学校应在日常管理中培养学生的职业行为习惯。教师应要求学生学会自我谋生、适应社会，可以借助求职面试的模拟练习、主题班会、辩论比赛、心理咨询活动等进行培养，让学生从一开始就养成非常良好的职业行为习惯。

2. 在集体活动中培养

也可以在集体活动中培养学生的职业行为习惯，学校可以通过组织一些集体活动，去规范学生的行为，使他们成为合格的从业者。

比如，在新生入学的时候都需要进行军训教育，对于学生身上出现的一些自由散漫行为，班主任可以和教官一起严格管理，对学生进行教育，增强学生的自律性。

学校还应积极完善班级管理小环境，在班级积极开展养成教育。按照教育经验，班级一直是学校开展养成教育的微观小环境，班主任的管理智慧和策略很重要，班级管理得好，同学们就能够做到勤奋学习、团结合作，促进养成教育的完善。无论哪个班级都需要制定一套符合自己的班级制度，对学生进行养成教育。我国有句古话，"没有规矩，不成方圆"。所以班规不但是班级管理的标准，也能更好地约束学生的行为，通过班规，老师可以更好地让学生了解到，班集体的建设是同学们肩上共同的责任。一套完整的班规制度的制定可以参照学生手册的内容来进行，能让养成教育更加便于操作。

（五）学生职业技能的培养

1. 专业实训、实习中培养

在传统的素养教育中，老师作为教育者必须要具备识才与育才的双重能力，对学生的教育应该给予丰富的形式和内容。学校不但要开设一些专门的职业课程，还应该帮助学生明确未来的方向，通过专业实训、实习培养学生，让他们在社会实践基地体验不同的职业生活，在学校组织的各类课外活动中发挥自己的特长，明白自身条件和职业需求之间的差距，为自己以后从事的工作早做准备。

习近平总书记指出："推动职业素养教育的发展，不断提升学生的实践水平，是各高等院校未来发展的重点。"学校在与企业合作育人时，应让企业安排优秀的员工作为学生实践的引路人，让他们能够了解到企业对个体的素质要求，帮助学生实现从学生到"职业人"的转变。某学院曾派出多名学生到浙江吉利汽车集团宁波春晓制造基地进行顶岗实习。学生在通过入职培训、安全培训、生产培训之后，被分派到各个工作岗位，第一个月由企业安排师父带领着观摩，然后实地完成汽车部件的生产、装配操作，让学生切实了解企业生产时的各个环节及注意事项，其中很多的知识是在学校无法学到的。通过与吉利汽车集团的深入合作，该学院学生的社交能力、职业素养以及文化结构得到了提升与优化，为他们能够更好地适应社会奠定了基础。

2. 利用社会多种资源进行培养

经过走访调查笔者发现，许多高校希望可以利用多种社会资源对学生进行职业素养教育，特别是一些职业实践机会，但由于受到不少条件的限制，比如学生能够参加实践的时间比较少、实践能力不强、工作环境不安全等，学生能够参与的实践非常少。除了学校的课堂教学以外，学校可以创造其他多种多样的机会让学生接触各种职业活动，比如邀请一些行业的从业人员来学校进行演讲，如会计师、工程师以及IT设计师等，让学生通过这些机会深入地了解行业的特色。尤其可以利用家长资源，学生的家长从事的职业非常广泛，如果能够让他们不定期地来校进行座谈，可以非常好地帮助学生获得相关的职业体验。

第三章 不同专业学生的职业素养教育

第一节 会计专业学生的职业素养教育

高等学校会计专业学生的职业素养深受用人单位的关注。企业需要有本事、有能力、踏实肯干、会办事、有培养前途的会计人才,但部分高校培养的学生离这一要求甚远,一些会计专业学生存在着"眼高""手低"的现象。解决这一问题的措施是加强会计专业学生的职业素养教育,要从"敬业教育"的角度培养大学生的职业素养,将"职业素养"教育活动纳入高校"教学活动"之中,全方位提升大学生的职业素养。

一、会计专业学生职业素养教育现状

自 1993 年高校扩大招生规模以来,普通高校本专科招生人数翻了三番,高等学校"精英"教育已转向"大众化"教育。一些名牌学校由于生源质量好,高校领导重视抓教学,教育质量没有退化。他们培养的会计专业学生职业素养较高,得到了用人单位的充分肯定。但是,也有部分高等学校,不重视教学质量,他们培养的会计专业学生的职业素养不理想,存在的主要问题如下。

(一)工作态度不端正

这一问题在就业态度上表现得最突出:不愿意干"苦"和"累"的活儿;不愿意干"非专业"的活儿;不愿意干"分外"的活儿;不愿意干"基层人员"的活儿;不愿意干"无电脑"的活儿等。部分学生找工作的标准是,坐在办公室里玩手机、看报纸、拿较高的工资、过轻松愉快的日子。他们不愿意去艰苦的行业、落后的地区工作,也不愿意去繁忙的单位、普通的基层工作。

(二)业务能力不理想

会计专业有许多学生在校期间并没有扎扎实实学好会计专业知识。专业书中的许多知识他们都没有学、没有看、没有碰,存在很多"盲区"。当他们

一走上工作岗位,就露出了"马脚":会计业务工作不会干,也经不起询问和检查。

(三)语言修养不高

有的学生到工作单位后处理事务不到位,不会在合适的时间、合适的地点说合适的话、办合适的事。

解决上述问题的重要措施就是在会计专业学生中开展"职业素养"教育,让其树立正确的择业观、工作观、职责观、成就观。

二、会计专业学生职业素养教育的策略

(一)从"敬业教育"入手提升大学生的职业素养

社会主义核心价值观中很重要的一条是敬业。敬业,就是敬重自己从事的事业,千方百计把事情做好。对大学生进行"敬业教育",就是要让大学生正确对待自己从事的工作,在工作中体现人的"职业素养"。开展"敬业教育"有四种方式:一是发挥辅导员、班主任的作用,在学生平时的思想政治教育活动中开展敬业教育;二是聘请会计人员讲述兢兢业业工作的重要性;三是利用学校宣传栏、广播电台、师生微信群传播敬业思想、敬业精神、敬业事迹,营造良好的敬业环境;四是以"敬业"为主题开展班务活动、团支部活动、学生会活动等各种竞赛活动。

(二)从职业技能提高入手提升大学的职业素养

2007年12月13日,教育部办公厅印发《大学生职业发展与就业指导课程教学要求》的通知,明确提出,"大学生应当掌握自我探索技能、信息搜索与管理技能、生涯决策技能、求职技能等,还应该通过课程提高学生的各种通用技能,比如沟通技能、问题解决技能、自我管理技能和人际交往技能等"。上述职业技能的提升都离不开高校的职业素养教育。

2009年8月6日,国务院法制办公室公布《职业技能培训和鉴定条例(征求意见稿)》,第十二条规定:"实施职业技能培训应当以促进就业为导向,适应劳动者职业生涯发展和经济社会发展的需要,突出培训的针对性和实用性。"第十三条规定:"县级以上地方人民政府应当加强统筹协调,鼓励和支持各类职业院校、职业技能培训机构和用人单位依法开展就业前培训、在职培训、再就业培训和创业培训。"从职业技能培训和鉴定的这些规定中可以看出,职业技能培训的目的就是促进就业,即以就业创业为导向,以"从业素养"为

根基。

常州大学会计学专业为我们提供了很好的借鉴。该专业开设了会计岗位实务训练课程，对会计工作各个岗位的训练都提出了具体的职业素养要求，概括起来是八大敬业基点：一是把住"出纳报销关"，保证货币资金安全完整；二是掌控"物资价值流"，保证存货岗、固定资产等财产物资有效营运、不减损；三是维护"职工权益"，保证职工取得合理薪酬；四是维护"债主业主权益"，保证按期还本付息和支付红利；五是维护"客户权益"，保证提供合格产品，及时结算货款；六是维护"国家利益"，遵守税法规定，如实纳税；七是讲究"成本效益"，控制好成本费用；八是"诚信做账"，保证如实编制财务报表。

（三）将"职业素养"教育贯穿整个教学活动

目前，一些高校已经充分认识到对大学生进行职业素养教育的重要性，已经将职业素养教育纳入高校教学活动之中，并取得了良好的效果，值得推广的措施有如下几个方面。

1. 在思想道德修养与法律基础课程教学过程中开展敬业教育

（1）"爱岗敬业"的内容

会计人员的爱岗敬业，指的是会计人员忠于职守、热爱会计事业的精神。会计人员爱岗，就是会计人员热爱自己从事的会计本职工作，能稳定地、持久地、恪尽职守地做好会计本职工作。会计人员敬业，就是会计人员要充分认识到做好会计本职工作的意义，明白会计本职工作在我国经济和社会发展过程中的地位和作用；充分认识做好会计本职工作的道德价值，明白会计人员的言行会影响与财会部门打交道的各种人员，会传递会计道德风尚。因此，会计人员要在从事会计工作的过程中以强烈的事业心、责任感、自豪感和荣誉感发挥自己的劳动热情和创造性。

（2）"爱岗敬业"的基本要求

热爱会计工作，敬重会计职业；办事严肃认真，一丝不苟；始终忠于职守，尽职尽责。

（3）其他方面

①教育学生诚实守信。教育学生要做老实人，说老实话，办老实事，不做假账；要保守单位商业秘密，不为利益所诱惑；要谨慎执业，维护职业信誉。

②教育学生廉洁自律。要求学生做到遵纪守法，廉洁清正；公私分明，不贪不占，"常在河边走，就是不湿鞋"；两袖清风，一身正气。

③要求学生办事客观公正。办事客观公正就是依法办事，守住底线；实事

求是，不偏不倚；如实反映，保持会计履行职责的独立性。

④让学生始终坚持准则。这里所说的准则包括会计法律、法规、制度。坚持准则是会计人员胜任本职工作的基础，其基本要求是，熟悉准则，遵循准则，敢于同违法行为做斗争。

⑤要求学生有较强的执业本领。学生要有不断提高会计专业技能的意识和愿望；要有科学的学习方法和刻苦钻研的精神；要有终身学习、积极奋进的恒心。

⑥教会学生如何参与管理。会计人员参与管理，就是参加企业、单位的管理活动，当好管理者的参谋，为企业、单位的管理活动服务，使会计的思想、行为能够影响管理者的决策。

⑦强化会计人员的服务职能。教育学生处理好监督和服务的关系：在监督中服务，在服务中监督；既要有服务意识，又要提高服务水平。

2. 在实践环节增设思想品德提升训练课程

（1）进行会计职业情操的训练

其具体内容包括热爱会计本职工作、安心从事会计本职工作和乐于从事会计本职工作等。

（2）进行会计职业态度的训练

其具体内容包括认真、仔细、诚实、守信、公正（道）、积极主动、富有创造性。

（3）进行会计职业责任的训练

其具体内容包括对待会计工作的责任心（感）、会计职责的履行（尤其是讲原则，讲方法）、奉献精神、正确的荣誉观等。

（4）进行会计职业作风的训练

其具体内容包括循规蹈矩、实事求是、当"家"节俭、服务耐心等。

（5）进行会计职业纪律的训练

其具体内容包括遵纪守法、保守机密、清正廉洁、自警自律等。

（四）利用实训基地，强化技能训练

实训基地分为校内实训基地和校外实训基地，校内实训基地是学生进行会计基本功训练、模拟操作训练和综合训练的基地。下面将介绍三种典型的校内实训基地：珠算训练室、会计分岗位综合训练室、会计 ERP 沙盘模拟实验室。学生在珠算训练室通过一学期的练习，都能通过珠算协会组织的普通四级至六级的考核，三分之一的学生可以达到能手级水平；会计分岗位综合训练室通过模拟企业的工作环境,能让学生在日常会计核算、会计事项处理、编制财务会计报告的过程中,学会审核原始凭证与记账凭证、登记总账和明细账、成本计算、财产清查的理论依据和方法;会计ERP沙盘模拟实验室作为一种体验式的教学方式,融理论与实践于一体,集角色扮演与岗位体验于一身,可以使学生在参与、体验中完成从知识到技能的转化。

校外实训基地大多是处于正常经营状态的企业单位,有的学生还会进入会计师事务所、银行等金融服务机构进行实习,这些单位执行的都是最新的会计政策与法规,训练的内容都是学生即将从事的会计工作项目。在这样的环境下,学生能够提升自己的会计实务操作能力,容易将成本计算、纳税申报、会计核算等基本技能融会贯通。高校通过建立校外实训基地的方式,不仅能培养学生解决工程项目中实际问题的能力,还能培养学生爱岗敬业的精神,提高学生的团队合作能力和表达交流能力,使学生真刀真枪地进行职业规范化训练,顺利地实现了学校培养与企业需求的零距离对接,为学生转化为"会计"搭建了一座桥梁。

第二节 体育教育专业学生的职业素养教育

本节以我国高等院校的体育教育专业本科培养方案为基础,研究当下的体育教育专业学生的职业素养教育。

一、体育教育专业大学生的职业素养现状

通过对体育教育专业大学生的职业素养现状进行调查,笔者发现目前该专业大学生在职业素养方面主要存在的问题可以大体概括为以下几个方面。

在职业信念方面,大部分学生对自己的专业有着正确的认识和强烈的认同感,并希望从事与本专业相关的职业。还有一小部分学生依旧存在不同程度的缺乏职业信念、缺少职业规划、对职业素养认识不足等问题。

在教育理念方面,学生们对"以人为本理念""全面发展理念"和"素质教育理念"较为熟悉,至于"创造性理念""开放性理念""多样化理念""生态和谐理念"和"系统性理念"等其他几个理念,学生们并不太熟悉,部分学生甚至表示没有听说过或学习过,对其理解也多停留在表面,知其然,不知其所以然。

在职业道德方面,学生们虽意识到了职业道德的重要性,但职业道德的

学习依旧以课堂学习为主，在实践过程中学生们更重视锻炼自己的技能，对职业道德的锻炼有所忽视。除此之外，学生提升职业道德的途径也存在一定的局限性。

在知识结构方面，学生对专业知识掌握得相对较好，对教育学和心理学知识、教学实践中的经验性知识等掌握得一般，存在"学习理论知识只为应付考试"的现象，实践经验不足，知识结构欠缺合理性。

在能力体系方面，学生对自己的运动技术能力总体较为满意，课堂教学、教学沟通、组织管理、适应能力和社交能力整体一般，创新能力和动手能力欠佳，科学研究能力是最差的。原因如下。一是对科学研究缺乏系统的认识。二是知识储备不足。三是思想上的懒惰。虽然有些学生对科学研究的基本常识有所了解，但当问及比较深入的问题时，不能给出合理的回答。

在身心修养方面，现阶段体育教育专业大学生中平均每人有2种以上的不良生活方式，其中以熬夜和长时间使用手机或电脑为主，其次是吸烟。部分学生虽能够认识到身心修养的重要性，但是在实际生活中无法做好，自控能力差，出现了认识与实践不相符的情况。在影响学生身心修养的因素中，"社会实践活动"是影响力最小的，父母或家庭的影响次之。学生在社会实践中更注重自己专业技能的提升，忽略了身心修养的提升。

二、影响体育教育专业大学生职业素养教育的因素

现阶段体育教育专业在人才培养模式上均能注重体育教育专业学生专项技能和副项的培养，在培养方案中也提出了对实践能力的要求。例如，在学生实践能力培养方面采用顶岗、置换和支教相结合的形式，增设体育教材教法等课程。但相当一部分高校并没有开设专门针对职业素养培养的课程，倒是开展过像"大学生职业生涯规划""大学生就业指导"之类的与职业素养相关的课程。这些高校的人才培养方案中虽然有此类课程，但在实际上课中并没有专门的授课教师，只是通过辅导员和老师在平日课堂教学中的渗透来实施。这就导致当前体育教育专业毕业生所具备的职业素养不太能满足社会发展对从业者的职业需求。

学校、家庭、社会、个人是影响体育教育专业大学生职业素养教育的四大因素，其中个人是职业素养培养成功与否的主观因素，也是最根本的影响因素，其次是学校、家庭、社会，这三个都是客观影响因素。

以下是笔者总结的较为具体的影响体育教育专业大学生职业素养教育的因素。

①人才培养方案中涉及职业素养培养的内容太少。

②高校对学生职业素养培养的重视程度不够，相关课程落实不到位，课程的衔接性不强。

③学生职业素养方面的评价机制有待进一步完善。

④学生奖惩机制落实不到位。

⑤教师知识结构以及教育水平和教学态度有待进一步改善。

⑥学生的实践和实习机会太少，不能充分地把理论知识应用于实践。

⑦社会资源对体育教育专业学生职业素养培养的支持力度不够。

⑧家庭在学生职业素养培养过程中的参与程度不够。

⑨学生个人过于懒惰，自控力差；学生对一些新兴体育项目的了解程度不够。

三、体育教育专业大学生职业素养教育主要存在的问题

（一）学生个人方面

对学生个人而言，影响其职业素养培养的因素主要有三个方面：一是学生自身对于职业素养的认识不深刻；二是学生的自控力不足，在学习过程中易懒惰懈怠；三是缺少自我规划。多数体育教育专业大学生在其综合能力的培养上，重视专业技能的发展，忽视理论课程的学习。有的学生在学习过程中遇到点困难就想退缩，比如在科学研究方面，多数学生是具备一定的科学研究能力的，但想到其中的枯燥和辛苦，部分学生便选择了放弃，归因于自己能力有限。有的学生虽然希望以后能有一定的发展，但自控能力较差，出现了认识与实践不相符的现象。还有的学生缺少对未来的职业规划，抱有"什么工作要我我就从事什么工作"的想法，没有目标，这严重制约了其在职业素养方面的发展。

（二）学校方面

在体育教育专业大学生职业素养培养过程中，学校所扮演的角色举足轻重。学校对职业素养教育的重视程度，直接影响到学生职业素养的发展。笔者在调查研究中发现，学校在学生职业素养教育方面，主要存在对职业素养的培养定位不突出、课程设置不合理、培养路径单一、高校对职业素养教育的重视程度不足和教师素质有待进一步提高等问题。

1. 对职业素养的培养定位不突出

通过调查分析发现，各高校在培养目标的设置上缺少对学生职业素养培养的目标定位或者涉及的职业素养内容不够全面。例如各高校体育教育专业的培养目标提出了培养学生政治、人文、科学等方面的素质，重点在于培养学生的各种能力，但对于职业道德、身心修养等方面未涉及；又如有的高校在知识结构、能力体系、身心修养等方面做了要求，但缺少职业信念、职业道德等方面的定位。总的来说，体育教育专业在培养目标上对职业素养的覆盖面不全面，对职业素养培养目标的定位不突出，缺少培养目标的动态更新。

2. 课程设置不合理

课程设置不合理，理论与实践脱节，主要表现为以下几点。

（1）公共基础课程缺乏系统分类

例如政治课的开设，依旧以课本知识为主，缺少与时俱进的时事政治的相关学习；公共英语课面向全体学生，讲授的也是最为基础的知识，但体育教育专业学生需要学习较有针对性的体育教育专业英语，在实际中很少有学校开展专门的体育教育英语课程，这在一定程度上影响了体育教育专业大学生阅读外文体育文献的水平，以至于影响其科研水平。对于计算机课程的开设，以基本的办公软件的学习为基础，对于教学软件的应用、微课视频的制作等却没有详细的教程，这影响了学生实用性知识的储备和快速投入工作的能力水平。

（2）专业课学分比重大，学生科学文化基础知识相对薄弱

虽然高校根据自身特点均开设了不同的选修课程，但就学生的学分比重来看，与本专业相关的课程占据了超过三分之二的学分比例。这使学生在选择选修课的时候会有所倾向，较多地偏向于选择那些能够拓展体育知识的课程。学校开设的选修课门类的增多并没有使学生在选择上发生明显的转变，科学文化基础学科仍然不在体育教育专业学生选课的主要范围内。这造成了体育教育专业学生科学文化基础知识的薄弱，影响其综合素质的发展。

（3）与实践相关的课程开设不足

与职业素养相关的实践性知识，学生大多在大四学年进行的教学实践活动中获得，而在平日的学习生活中，学生很少有机会参加学校组织开展的与提升职业素养相关的比赛或者专家讲座等活动。学生缺少在平日学习中接触职业素养相关知识的机会，致使学生掌握的理论知识不能与实践有效融合。

3. 培养路径单一

现阶段体育教育专业大学生职业素养的培养，依旧是以课堂教学为主，以

实践为辅。学生提升职业素养主要通过上述两种方式。培养路径相对单一，很难激发学生的学习兴趣。在实践课程中，学校多安排学生在中小学进行相关的教学实践。体育教育专业的培养目标是，培养能够胜任体育教育工作，具备一定的人文素养、创新意识，能从事体育教学、科学研究、体育管理、社会体育指导等工作的复合型人才。然而不论是课堂学习还是教学实践，各高校均在一定程度上忽略了学生科学研究、体育管理、社会体育指导等相关能力的培养。

学校开展的与职业素养培养相关的校企联合活动、讲座、比赛等并不多，在平日考核中，对学生综合能力的考核涉及得也较少。培养路径的单一，制约着体育教育专业大学生职业素养的发展。

4. 高校对职业素养教育的重视程度不足

高校对学生职业素养教育的重视程度，从其课程的设置、教学活动的开展、评价考核机制等方面便能看出。在课程设置上，学校较为注重体育教育专业学生专业能力和教学能力的培养，对于职业信念、教育理念、职业道德、身心修养等方面较少涉及。在活动的开展上，很少有学校会涉及学生的职业素养培养方面，评价考核机制也缺少对学生职业素养等方面的评价，这表明高校对学生职业素养教育的重视程度不足。

在教学实践上，虽然有的学校对学生实习实践的时间进行了修改，适当增加了学生的课外实习时间，但是高校在学生实习过程中由于疏于管理，和实习单位并不能形成良好的反馈调节机制，这也是高校对学生职业素养教育的重视程度不足的表现。

5. 教师素质有待进一步提高

教师的一言一行对学生的影响都是潜移默化的。一名优秀的教师，不仅需要具备优秀的专业知识和技能，还应具有良好的职业作风。教师对学生职业素养的培养讲究的是"渗透"。这种渗透是无处不在的。课堂上教师教风端正，衣着整齐，对学生亲切和蔼，学生日后站在讲台上也会模仿当年他们老师的样子；教师关心学生，积极与学生沟通，不仅能拉近教师与学生的距离，也能锻炼学生的社交能力及语言表达能力；教师善于思考，教学方法合理，学生也会从中受益……所以教师对学生的影响是多方面的。然而目前高校教师中依然有一部分人存在上课应付、迟到，重专业技能轻理论学习甚至是职业道德缺失等现象，教师的职业素质有待进一步提高。

（三）家庭方面

家庭在体育教育专业大学生职业素养培养中的突出问题是参与程度不够。在学生职业素养尤其是其身心修养的提高中，家庭教育对孩子的影响理应在较为重要的位置。但通过调查发现，有接近四分之一的学生在身心修养提高方面未受到父母或家庭的影响。究其原因主要有三个方面：一是由于学生在外求学或父母工作的原因，学生与父母的接触时间相对较少，家长与孩子之间缺少沟通；二是随着年龄的增长，父母对孩子的关心更多的是对孩子学习成绩的关注，忽略了孩子身心修养方面的发展；三是现在多数孩子是父母的掌上明珠，孩子在家能够随心所欲，父母主观上并不想给孩子太多的束缚，加上学生本身的自控能力不强，这也导致了家庭因素对孩子身心修养方面的影响力相对较低。

当然，也有一部分学生的职业素养的提高是与家庭教育息息相关的。这部分父母会与孩子就某一方面的问题或社会现象进行讨论，表达其在职业素养方面的观点，在谈话间教育孩子要坚定职业信念，遵守职业道德，努力提高自己的综合能力等，在与家长的交谈中学生的职业素养自然而然就得到了升华。

（四）社会方面

在影响大学生职业素养培养方面，社会因素突出表现为社会支持力度与政策辅助的不足。体育教育专业学生在就业过程中，很多企业要求学生必须要有工作经验，但实际上很少有企业愿意给学生提供实习锻炼的机会。发展体育教育专业学生的综合能力，不仅需要学校教育的大环境，也需要企业、社会的相关机构给予一定的支持。为了增强体育教育专业学生的就业竞争力，提高其职业素养，政府可以鼓励社会用人单位为体育教育专业学生增设不同类型的实习岗位，以提高学生应对不同问题的能力，增强学生面对社会压力的勇气，从而使体育教育专业学生更符合社会用人单位的需要。

四、体育教育专业大学生职业素养教育模式的构建

在分析了目前我国体育教育专业大学生职业素养培养的现状后，笔者以学者们对体育教育专业学生的培养意见为基础，并借鉴国外高校学生的职业素养培养方法，初步构建了一套体育教育专业大学生的职业素养教育模式，详情如下。

（一）模式流程

如图 3-2-1 为体育教育专业大学生职业素养教育模式图。

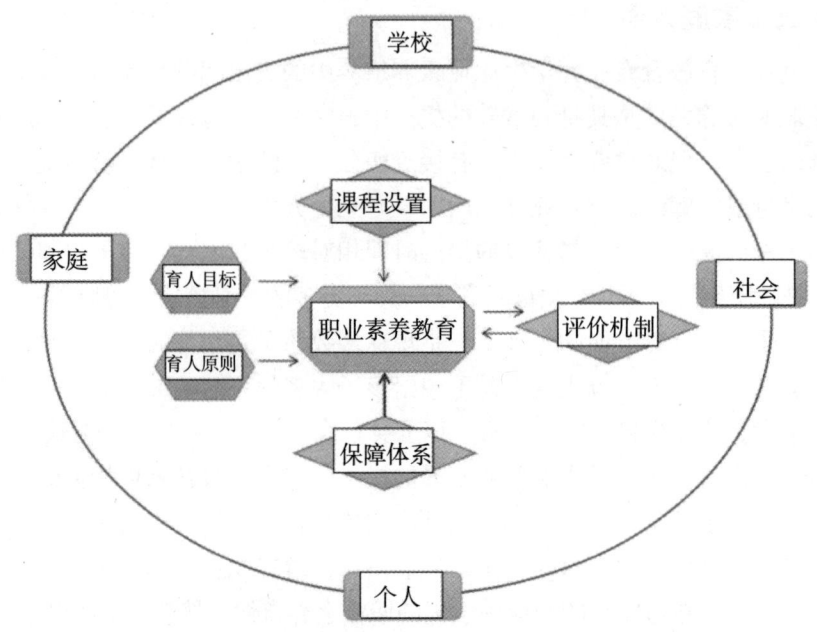

图 3-2-1 体育教育专业大学生职业素养教育模式图

体育教育专业大学生的职业素养教育,以育人目标为出发点和最终的落脚点,并依据一定的育人原则,试图以学校教育为基础,结合家庭、社会和学生个人,形成"四位一体"的立体培养空间。课程设置是职业素养教育的具体实施,评价体系对培养结果进行一定的量化评价和合理反馈,保障体系保障体育教育专业大学生职业素养教育的顺利进行。

(二)育人目标

育人目标对整个培养体系起着导向性作用,是整个培养过程的出发点和落脚点。培养过程所采取的方法和手段都要围绕育人目标进行,培养结果的评价也要以育人目标为重要参考依据。育人目标的确立对体育教育专业大学生职业素养的培养起到了至关重要的作用。

该职业素养教育模式的育人目标如下:培养具有现代教育理念,拥有良好职业道德,知识结构合理,身心修养良好,在全面发展的基础上有所专长,能够胜任学校体育工作,并能进行一定体育科学研究的应用型人才。

（三）育人原则

1. 以学生为主体的原则

以学生为主体的原则主要是指在整个教育过程中，按照不同学生的特点与需要进行有针对性的培养，帮助学生正确评价自己，能够认识到自身在能力、素质等方面的长处与不足，并通过针对性教育，发展学生优势，弥补学生自身不足，从而促进学生全面发展。

一方面，要因材施教。学校要综合考虑不同学生的特点，开设针对性不同、难易程度不同的课程。将学生分开授课，不仅可以让学生学得更具体扎实，教师在把握课堂进度时也能游刃有余。从学生的角度来讲，选择难度适合自己的课程，会激发学生学习的兴趣，并能让学生有更多的时间发展自己的其他能力。

另一方面，要培养学生独立学习的能力，遇到问题时，能够主动进行思考并进行相应探索，而不是一头雾水只会求助于别人，或是干脆放弃不理。与此同时，要给学生充分的自由发展空间。但自主发展不等于随意发展，而是在正确的方向、一定的范围内，有目的、有意义地发展。

2. 创新性原则

国家的发展离不开科技的创新，教育的发展离不开理论与实践的创新，同样，体育教育专业大学生职业素养的培养也离不开创新。面对新时代的要求，对体育教育专业大学生的培养不能仅仅局限于对其专业技能和理论知识的培养，更应注重其职业素养的综合培养。二十一世纪需要体育人才，一个具有良好职业素养的体育人才会受到社会各界的欢迎。各高校要在体育教育专业大学生职业素养培养过程中进行理论创新、课程创新、实践创新，通过不断地创新与进步更好地完善体育教育专业大学生的培养。

3. 联系性原则

体育教育专业大学生职业素养培养过程中的各个环节应该是有机统一相互联系的整体，各个要素之间相互协调，共同作用。课程的构建要以育人目标为依据，实习实践要与课程相联系，保障体系要能够保障各个环节的顺利进行，评价体系要能通过结果反馈对各个要素进行评价；在培养维度上，学校、社会、家庭、个人也应形成统一的整体，共同作用于体育教育专业大学生职业素养的培养。

（四）课程设置

课程设置是学校依据学生实际发展的需要，结合不同学生特点、不同学科要求等为学生量身定制的课程体系。课程设置是学生在校期间接受教育的主要途径，直接关系到学生接受教育的质量和职业素养培养的效果。

1. 课程设置的原则

（1）以社会用人单位的需求为导向

对体育教育专业大学生开展职业素养教育的最终目的是培养二十一世纪的体育教育专业人才，以更好地践行伟大复兴的中国梦。实现中国梦的过程是每一个体育教育专业人才发挥其价值的过程，这就需要高校培养出的学生更符合社会需要。因此各高校应将社会需求纳入课程原则，以用人单位的需求为导向，并结合学校特点、地区特点、专业特点和学生特点合理安排适宜的课程体系，有效地促进学生综合能力的提升。

（2）以家庭培养为辅助

完成对体育教育专业大学生职业素养的培养，需要学校和家庭的相互配合，家庭教育对学生的影响是潜移默化的，家庭教育是学校教育的基础。家庭教育是培养学生职业素养的另一种形式，它不拘泥于形式，不限制场地，可以在无形中培育学生的职业素养。

（3）以校园活动为衔接

校园活动是学生学习课堂知识与参与工作实践的连接点。通过学校开展的校园活动，学生在仿真情境中感悟职业素养的重要性，通过活动中的合作、竞争，找到自己能力的薄弱环节，进而在后面的学习生活中有针对性地练习，不断提高自己的综合实力。除此之外，校园活动的开展还能够丰富学习生活，激发学生兴趣，使学生愿意学习，使提高自身职业素养变成学生主动追求的事情，这也能为学生将来更好地适应工作岗位打下良好的基础。

（4）以学生的自我价值追求为动力

学生对自我价值的主动追求是体育教育专业大学生职业素养培养过程中的不竭动力。无论是社会、家庭还是学校，对学生的培养只能是外在的引导和帮助，学生对自身职业素养的追求是发展其职业素养的内在动力。内在的动力可以使外部的培养取得事半功倍的效果，可以让学生在学习锻炼过程中主动向美好的事情靠近，取人之长补己之短，最终达到提升职业素养的目的。

2. 课程设置的内容

①专业课的设置讲究"精""通"，"精"是指与学生专业知识相关的课程要精细，"通"则是指专业课既要为知识技能的学习打下基础，又要形成一定的主干支撑作用。除了专项学习，体育教育专业大学生对于教育学、心理学

的学习往往感到枯燥无味，这就要求任课教师在课程教学中充分发挥自己的综合能力，使教育学、心理学的课程变得生动有趣。这不仅能激发学生兴趣，更重要的是能使学习变成学生的主动追求，提高了学习效率。

除此之外，专业课的设置还应考虑到学生"一专多能"的发展，学生在掌握自己专项的同时，还应至少熟练掌握1—2种其他项目。

②在公共课的设置上，除了学校统一开设的公共英语、政治和教育技术等课程以外，二级学院还应增设与各个专业相关的基础课程。例如，体育教育专业可以开设体育教育英语课，使学生掌握体育教育专业常用的英语词汇与表达，增强学生阅读外文文献和学习国外相关视频资料的能力；还可以开设现代教学软件的应用和微课视频的制作等教育技术课程，帮助学生日后可以更快地融入工作岗位。除此之外，针对学生对一些新兴体育项目了解甚少的情况，二级学院在本院公共课的设置上还需增添部分对新兴体育项目进行学习了解的课程，帮助学生在知识与能力上与时俱进。

③在实践课程的安排上，学校不仅要增加实践课的种类与时长，还要改变学生实践时间的安排方式。体育教育专业的育人目标要求学生能够胜任学校体育管理、社会体育指导以及科学研究等任务。单纯地安排学生进行教学实践，并不能发展学生的综合能力，更不能全面提高学生的职业素养。除了教学实践，学校还可以安排学生跟随老师进行一些科学研究，可以由易到难，不断激发学生兴趣，培养学生的科研能力。

④在校园活动的开展上，学校要积极开展与职业素养培养相关的各种形式的活动。如与企业联合开展职业技能比赛、职业素养知识竞赛等。通过丰富多彩的校园活动，学生不仅可以以自己喜欢的方式参与，其中，还可以在实践比赛中锻炼自己的能力。校园活动是连接课堂知识与实际工作的良好桥梁。

（五）评价体系

1. 评价原则

评价体系的建立应围绕培养目标展开。在建立评价体系时，既要充分了解育人目标的内容，又要对培养过程中可能采用的方法与手段进行一定的规划，并以此为基础，建立科学、系统、实用的体育教育专业大学生评价体系。评价体系要符合实际，且具有一定的客观性与发展性。

2. 评价方式

课程的评价方式会对学生的学习方式产生一定的影响。例如，需要理论考试的科目,学生会更倾向于去死记硬背知识点,以期在考试中获得满意的分数;而以实践操作为重点的课程,学生往往会努力练习实践操作的步骤和方法,对相关理论的学习会有所忽略。理论知识的学习是在为实践打基础,而实践则需要以理论为指导。理论与实践是相辅相成的,二者只有有效结合才能达到最佳效果。如教育学、心理学科目的学习,虽然是理论课程,但它并不以取得书面上的好成绩为最终目的,而是需要学生将所学到的知识融入教学实践中,在教书育人中展现优秀的职业素养。学而不思则罔,思而不学则殆,对学生的评价方式应当根据不同学生的特点和对知识的掌握程度来确定。

(1) 构建多元化的课程评价方式

构建多元化的课程评价方式,要根据不同课程的性质、授课方式,不同年级学生的特点和发展需求等设置相应的评价标准。可以采用定量评价、定性评价或定量与定性评价相结合的方式。在课程评价标准中,要能体现出学生职业信念、教育理念、职业道德、知识结构、能力体系和身心修养等方面的内容。不仅如此,对影响体育教育专业学生职业发展的关键因素的评价,要贯穿整个培养过程。评价要涉及各个方面,包括学生基础学科的学习、专业技能训练,以及校园活动的参与等,建立多元化多途径的评价方式。

(2) 构建全方位的评价体系

全方位的评价体系既包括学校评价,同时还包括家庭评价、社会评价、学生的自我评价。学校评价即上述的多元化的课程评价方式。家庭评价是家长根据学生在家的表现,对所掌握到的孩子的态度、信念、知识、能力等进行的客观评价。家庭评价可以通过调查问卷、电子通信反馈等多种方式进行,可以是定量评价也可以是定性评价,可以是持续性评价也可以是结果性评价。家长对孩子进行评价,一方面可以拉近父母与孩子的距离,另一方面也可以提高家长对孩子综合能力发展的关注程度。社会评价的主体可以是用人单位或单位成员,他们对学生在不同社会实践中的能力或不足之处进行评价。学生的自我评价是学生对自身进行的较为细致的剖析。与学生的自我评价相比,学校、家庭、社会的评价只是对学生表现出来的外在状态的评价,而学生的自我评价则可以深入到思想、态度、意识等方面。

学校、家庭、社会和学生的自我评价是一个有机统一的整体,缺一不可,它们共同构建起体育教育专业大学生职业素养的评价体系。

(六)保障体系

保障体系的建立是体育教育专业大学生职业素养教育模式顺利实施的保

证。在体育教育专业大学生职业素养教育模式中,保障体系主要包括以下几个方面。

1. 加大企业扶持力度

体育教育专业大学生的职业素养教育离不开企业的扶持和相关政策的保障。国家应出台相应的政策保障大学生职业素养教育的顺利进行。学校、企业以及社会团体的配合程度,在一定程度上影响学生职业素养的培养。企业积极配合,学生便有多种不同的实践机会,可以在不同的实践中锻炼不同的能力;企业不配合,学生就很难在真实的情境下进行实践活动,学生的职业素养就得不到真正的提高。真实的工作环境使学生的职业素养得到提高的同时,也帮助学生积累了人脉和经验,为今后走上工作岗位打下了良好的基础。不仅如此,企业的扶持还表现为积极参与学生的评价反馈,配合学校开展职业能力讲座等。企业的评价可以帮助学校更好地了解学生,从而根据学生现阶段的实际情况制定出相应的培养方式。

2. 提高家庭参与的积极性

提升体育教育专业大学生的职业素养,单单依靠学校的力量是不够的,还需要家庭的配合。家庭的培养是整个培养过程中比较容易忽略的一个环节,但家庭的参与对体育教育专业大学生职业素养的提升有着不可忽视的作用。家庭的积极参与,可以从一个全新的角度促进孩子的发展,家庭的评价也可以让学生的综合评价更加完善。

3. 落实课程设置

课程设置是学校依据学生实际发展的需要,结合不同学生的特点、不同学科的要求等为学生量身定制的课程体系。课程设置是学生在校期间接受教育的主要途径,课程设置的落实关系到学生接受教育的质量,而接受教育的质量将直接影响到学生职业素养的培养。因此,学校要确保课程设置的落实,保障学生的教育质量。

4. 落实教师激励制度和学生奖惩制度

教师是学校课程设置与学生学习之间的桥梁,是学校育人过程的具体实施者。教师的素质对学生的发展有着潜移默化的影响。教育目标的顺利实现需要教师积极工作。教师的教学方法、教学态度、能力水平、身心修养等,会影响学生对某一课程的学习态度,进而影响到学生该方面知识能力的培养。落实教师激励制度,在一定程度上可以提高教师的综合素质,增强教师的职业能力,优化教师的职业行为，促进教师知识结构更新，使教师队伍国际化，从而保障学生的培养质量。落实学生奖惩制度，可以在一定程度上对学生行为进行约束，减少学生的惰性，带动学生自身综合素质的提高。

5. 加大在硬件设施建设方面的投入

学校是学生学习的主要场所。体育教育专业大学生的职业素养教育离不开学校这个大环境。学校除了开设课程以外，还应当加大在硬件设施建设方面的投入，为学生营造一个良好的仿真实习环境，帮助学生更好地将理论融入实践，提高综合素质，从而更好地完成从求学者到就业者的过渡。

第三节　医学生的职业素养教育

一、医学生职业素养教育的必要性和主要内容

医学院校对学生的教育是指按照社会的需求有目的、有计划、有组织地培养医药卫生人才的教育活动，即医学教育，一般多指大学水平的高等医学院校教育。而医学生职业素养是指医学生通过努力勤奋学习，在长期的医疗实践和自我锻炼中达到的精湛的医疗技艺和崇高的医德品质相结合的一种境界和思想品质。医学生职业素养的特殊性表现在，按照医学职业素养的基本原则和规范进行自我教育和改造。医务人员职业的特殊性要求医学院校对医学生的职业素养提出更高的要求。

（一）医学生职业素养教育的必要性

职业素养对每位医学生来说，是十分必要的，它既是社会发展对医学生的必然要求，也是医学模式的转变对从业人员的职业要求。医生需要不断在实践过程中提高职业素养，所以高校在培养医学生的过程中，就要培养医学生终身学习、不断提高职业素养的理念，就要培养医学生不断适应社会的发展的能力，而不是简单地传授现有医学知识和技能。

在今天我们强调每一位医务工作者都要提升自身的职业素养，即要求他们按照社会主义的职业准则来约束自己的职业行为。对于医学生来说一方面要奋发向上，使自己的精神境界得到升华；另一方面要勇于克服和纠正一切与社会主义医学职业道德准则不相符的医疗职业行为。只有这样，将来才能做一名

真正称职的医务工作者。概括地说,医学生职业素养教育的必要性有以下几个方面。

1. 社会发展的必要要求

医生这一职业对任何人来说都不是获得大学毕业证书后的一劳永逸。医学生在自身职业发展的过程中,必须要不断地提升自身的职业素养。

医务人员的高尚医德品质和高超的医疗技艺不是天生的,而是在后天的实践中逐渐培养和锻炼出来的。医生需要在明确信仰、确立价值观的基础上,完成职业生涯发展的一次次自我超越。通过修炼,医生将养成独特的思辨能力、娴熟的操作技巧、高雅的个人气度、优良的个人品质以及特有的个人魅力。社会发展十分迅速,每位从事医疗卫生事业的工作人员想要跟上时代的步伐,就必须从学生时期开始提升职业素养,并且持之以恒,这是通往医学职业最高境界的阶梯。

当今社会,医患关系依旧紧张。许多令人触目惊心的医疗事故和令人痛心的生命悲剧的发生,既摧残了人类的心灵,使生命和健康失去尊严,也给每位在医疗岗位上从业的人员敲响了警钟。每个从事医疗卫生职业的人员都受到了拷问:面对人命关天的神圣责任,应如何去面对医德的考验?如果不加强职业道德的训练,突破了职业道德的底线,丧失了职业良心,就必然会遭到全社会的唾弃和批判,最终导致从这一救死扶伤的光荣岗位上淘汰。相反,如果心系人民群众的生命健康安危,不计较个人得失,必将受到全社会的赞誉,受到业内和同行的称赞。

综上所述,社会公众对医务人员职业素养的呼唤对这一职业提出了更高的要求,警示每一个即将从事医疗卫生事业的医学生们,都必须提高职业素养,适应公众心理,不断地在社会实践和医疗卫生实践中提高自身的职业道德水平、职业技能,规范自己的职业行为,以跟上时代的步伐。

2. 良好的职业素养是医学生必备的品质

从医学生自身来看,最重要的素质是良好的职业素养,职业素养决定着医学生未来的发展。用人单位在录用新人时尤其注重医学毕业生的职业素养。

首先,医学生若具备良好的职业素养,那么他在自己的人生观、职业观方面就能保持积极的态度,并且能在未来的工作中做到诚实守信、爱岗敬业和团结协作。医学生若具备良好的职业素养,那么他就能根据自己的具体情况合理科学地规划自己的职业生涯,了解自己的优势和不足,坚持终身学习,接触医学前沿知识,并在工作中严格要求自己,从细节着手,完善自己,在医学的道路上越走越远。

"个体的素质就像水中漂浮的一座冰山,水面以上部分的知识、技能仅仅代表表层的特征不能区分绩效优劣;水面以下部分的动机、特质、态度、责任心才是决定人的行为的关键因素,才是鉴别绩效优秀者和一般者的标准。"水面之上的是人们可以看见的、学历证书和职业证书以及专业考试可以证明的显性职业素养,而占冰山整体7/8的隐藏在水面以下的部分是人们看不见的、隐性的职业素养,它们代表职业意识、职业道德、职业作风、职业态度等多个方面。这些隐性职业素养具体表现为诚信品质、敬业意识、责任意识、法纪观念和团队精神。"隐性职业素养决定并支撑着外在的显性职业素养,显性职业素养是隐性职业素养的外在表现。"

其次,医学生的职业素养与自身的就业竞争力有非常密切的关系。有关调查表明,用人单位希望毕业生具有敬业意识、诚信品质和责任心,有较强的人际沟通能力和临床实践能力。如果医学毕业生的职业素养低下则不会受用人单位欢迎。医学生只有适应市场需求,才能成功地择业、就业。

再次,医学生适应职业变化的能力与职业素养相关。当今社会,知识更新换代周期缩短,对现在和未来的医务人员的知识和能力水平要求越来越高。一个人如果只有较高的职业技能,已很难保证他的职业生涯一定能成功。从业者只有具备较高的职业素养,才能够根据社会的发展对自身的知识、能力等进行有机的整合,迅速淘汰过时的知识和技能,并通过不断学习来更新自己的知识、技能,以适应医学的发展。

最后,对医学生进行职业素养教育是就业的需要。找到一份理想的工作是家长和学生的期望。大学生面临着从学生到职业者的转型,大学校园是他们走向社会的学习训练基地,学校应把学生培养成能够适应社会,并能在未来的医务岗位上承担起自己的责任和神圣使命的职业人。而大学生也应珍惜在校的每一次学习,树立正确的就业观,把自己打造成具有较高职业素养的职业者。

3. 适应医学模式变化的需要

(1) 医学模式的变化

"所谓医学模式,是指人们在不同历史阶段和医学科学水平下,观察和处理医学问题的思想与方法,是对人类健康与疾病总体特点与本质的概括,它的核心就是医学观。"医学模式已经经历了多次的转变,已从最早的作为临床医学的医学观和方法论,发展为目前的卫生工作正确处理"个体医学与群体医学、生物医学与社会医学、微观医学与宏观医学、临床医学与预防医学、防治疾病与增进健康、医学科学与卫生事业管理"等多种关系的理论依据。也就是说，医学模式已由单一的从生物学角度去观察和处理医学问题的生物学模式，转变成由多元的生物学、心理学和社会学角度去观察和处理医学问题的现代的医学模式。

1977年美国学者恩格尔首先提出，生物医学模式应逐步转变为生物—心理—社会医学模式。这种现代医学模式概括了人类疾病和健康的全部因素，从医学整体论出发，综合分析了生物、心理及社会因素对人类健康的综合作用，突出了社会因素的决定性作用。生物—心理—社会医学模式认为人既有自然属性，又有社会属性；既是生物躯体，又有精神世界；既是个体，又是群体中的一员；应把人看成复杂生态系统的一个组成部分，要运用整体观，从生物、心理、社会的不同层次来综合考察人类的健康与疾病，采取综合措施防治疾病、促进健康、增进健康。生物—心理—社会医学模式突破了生物医学模式的局限，重视生物、心理、社会因素的相互作用对人体健康和疾病的制约，使医学发展到了新的高度。

（2）医学模式变化给医务人员职业带来的影响

医学模式的每一次转变都不仅仅只是理论上的一次飞跃，它不仅为卫生工作指明了新的方向，给医疗卫生工作的实践也带来了极为深远的影响。更重要的是，它必然会给每位从事医疗卫生工作的人员带来新的挑战，这就促使每一个医学生都必须提升自身的职业素养，以解决面临的新的课题。

第一，对卫生事业观念和卫生服务产生的影响。

医学模式的转变，首先带来的是观念上的转变，生物—心理—社会医学模式把健康推到了一个新的战略高度，认为健康是每一个人的权利和义务，维护健康是各级政府、各职能部门的责任和义务，强调开放式的"大卫生"观。这种"大卫生"观要求人们从多方面、多层次积极地防治疾病，以促进健康、提高生活质量。所以医务工作者的职业内容与范畴也随之发生了明显的扩展。具体表现为由治疗服务扩展到预防服务，由技术服务扩展到社会服务，由医院内服务扩展到医院外服务，由生理服务扩展到心理服务。

第二，对医学教育产生的影响。

在医学教育方面，现代医学模式为医学教育的发展提供了理论依据，要求医学教育也要转变观念和进行变革。该医学模式强调要改变生物医学模式指导下的传统教育思想和方法，设立必要的人文科学与社会科学课程，建立生物医学是一维，行为科学是二维，社会科学、管理和信息科学是三维的立体式知识结构；使医学生学会根据人群健康的需要进行社会诊断，学会进行健康教育，组织发动人群开展预防疾病和促进健康的活动。

第三，对临床医学产生的影响。

生物—心理—社会医学模式要求每位临床医生具备立体的系统知识，能够全面了解疾病发生的原因，对患者的心理状态和社会背景进行系统性的评价；依据患者的生理、心理和社会关系的三维空间特征进行立体诊断，在诊治疾病的同时，应格外注意与患者的心理联系，以及心理治疗方法的运用。这样就改变了以前临床医生只见疾病不见患者，只治病不治人的严重偏向。

综上所述，20世纪70年代以后建立起来的这种全新的医学模式从生物、心理、社会三方面综合的水平上认识人的健康和疾病，反映了医学技术的进步，实现了更高层次上对人生命的尊重。这就对医务人员的职业素养提出了更高的要求，即医生既要关心患者的躯体，又要关心患者的心理；既要关心患者个体，又要关心患者的家属、患者的后代，还要关心社会。

（二）医学生职业素养教育的主要内容

医学生的职业素养教育涉及思想道德教育、业务素质、心理素质等方面。

1. 思想道德教育

思想道德教育涉及政治素质、思想素质和职业素质三方面，而这三者又是密切结合、不可分割的有机联系体。

（1）政治素质

政治素质是医学生必须具备的基本素质之一，它要求医学生要有坚定的政治信念，热爱祖国，忠于患者，有高度的责任感和甘于奉献的精神以及良好的职业道德等，这体现着医学生政治素质的高低。医疗机构是我国社会主义精神文明建设的一个重要窗口，医务人员政治素质的高低很大程度上影响着医疗机构的服务质量；而其服务质量的优劣，将直接影响党和政府在人民群众心目中的形象。医务人员应当具有高度的责任感和良好的医德。医务人员必须以为患者提供高效、优质、便捷的卫生服务这个宗旨开展工作，要满足不同患者的需求，真正做到"以患者为中心"，理解和体会患者身体的病痛并为解除其病痛做出卓有成效的努力。

（2）思想素质

有什么样的思想，就会有什么样的行为。这说明思想决定行为。很难设想，一个自私自利、成天想着为自己捞好处的人，会做与其思想相反的事情。只有在有外在条件约束的情况下，他才可能有与其思想相"矛盾"的行为，一旦设了约束，其行为就会很自然地受其思想支配了。医务人员的思想素质与其政治素质联系紧密，内容各有侧重，它要求医学生要有坚忍不拔的精神和魄力；在工作中朝气蓬勃，专心致志；能在复杂、艰苦的情况下完成各项工作任务；有坚强的意志和无所畏惧的献身精神；等等。总之，医学生应当具有高尚的道德情操和正确的人生观、价值观，要有自尊、自爱、自强、自律的思想品质；要有崇高的理想，乐于做人类健康的卫士。

（3）职业素质

医务人员的职业素质主要由医务人员的道德素质、心理素质、业务素质及综合能力等组成。它要求医学生热爱卫生事业，有为人类的健康服务的精神，具有高度的责任感，忠于职守，能专心致志地完成各项工作。紧张明快、秩序井然、有条不紊、有始有终，是医务人员应有的职业风格。那种拖沓、杂乱无章的工作作风，很容易造成医疗事故，给患者带来伤害，是职业素质低下的表现。要想提高职业素质，医学生要踏踏实实地多练基本功，没有捷径可走，只有认真实践，勤于思考，积极学习，经常自我检讨，找出差距和薄弱环节，才能在实际工作中不断得到提高和完善。

2. 业务素质

医学生的业务素质，是指医学生对医学学科的基础知识和技能的掌握，以及运用理论知识和专业技能为患者服务的能力。医学生业务素质的高低，很大程度上决定了其走上工作岗位后的诊疗护理水平。医学生的业务素质主要通过以下几种能力体现出来。

（1）综合分析能力

医学生的综合分析能力是指在临床实践中，医学生对患者的生理和心理变化进行综合分析，并从中找出发生这些变化的根本原因。这种能力离不开医学生的细致的观察、敏锐的思维和准确的判断。医务人员在临床工作中要细致观察患者的病情变化，善于发现和捕捉一瞬即逝的现象，并对这些现象进行综合分析，找出现象的本质，及时准确地采取治疗措施，从而达到最佳的治疗效果。

（2）较强的应变能力

医生职业的特点要求医学生应具有较强的应变能力，应变能力的构成要素主要包括预测能力、决策能力和回应能力。遇到急症患者、意外事件时，医务人员要有清醒的头脑和深刻的洞察力，要及时应变，抓住其意料之内的因素，迅速判断疾病（或事件）的性质和危害程度，立刻做出反应并及时控制局面。

（3）实际操作能力

临床医学是一门实践性很强的应用科学，操作技术是医务人员的基本功，必须达到熟练自如、准确敏捷的程度。技术操作能力的提高,既离不开理论知识的学习,也离不开实践锻炼,医学生要多加实践,多加练习,精益求精,使自己的实际操作能力不断得到增强。

(4)较强的表达能力

表达能力主要通过语言和文字的方式来体现。医学生在临床工作中要接触很多人,这需要有较强的语言表达能力;医学生要书写病历、各种医疗文书、科研论文等,这就要求应具有较强的文字表达能力。

医学生的语言表达要准确明白,例如向患者介绍相关疾病信息时,要尽可能提供最有效的信息,不要说与疾病无关的含糊不清的话,一定要明白无误地进行叙述,避免患者产生不必要的担忧与猜测,加重患者的心理负担。

文字表达所形成的医疗文件具有档案的价值,它可能会成为医师为复诊患者治疗疾病的重要依据;一旦发生医患纠纷,它又会成为处理纠纷的重要证据。因此,医学生应当加强学习,不断提高自己的语言表达与文字书写能力。

3. 心理素质

"心理素质是一个人行为的内在驱动力。行为和心理是一个统一体的两个方面,心理支配行为,行为反映心理,提高心理素质也就能提高行为素质。"医学生必须具有健康的心理素质,即应有"良好的性格和稳定的情感、坚定的意志力和迅速准确的判断力、良好的人际关系以及团结协作的能力等",这些也都是医务人员不辜负神圣使命的重要保证。心理素质所涉及的范围十分广泛,这里只涉及与医务人员最密切相关的情绪情感方面。

情绪和情感是人对于外界事物是否符合个体的需要所持有的肯定或者否定态度的体现,如愉悦、厌恶、热爱、仇恨等。情绪主要与机体的生理需要能否获得满足相关,是人与其他动物所共有的。情感是在社会历史发展过程中以及在人的社会实践活动中产生和发展的,因此,情感是与人的社会需要相联系的,是人所特有的心理现象。如医学生对祖国的热爱,自身的责任心和荣誉感等,都是人们在社会生活条件下所形成的高级情感。医务工作者的情绪和情感对医务工作的影响是十分显著的。

第一,它能直接影响患者的情绪,使患者产生同样良好的情感体验。特别是医患初次见面时,如果医务人员情绪饱满,面带笑容,和蔼可亲,就会使患者产生亲切感和信赖感,患者就会有愉快的情感体验,而这种情感往往会较长时间影响患者对医务人员的态度。这是一种肯定的情感,它一方面能增强患者的信心,发挥机体潜在的防御功能和抗病能力;另一方面患者能更加积极配合医务人员实施的诊疗护理措施。

第二，医务人员良好的情绪和稳定的情感，能帮助其提高工作质量和工作效率，它有助于工作顺利进行和完成各种有目的的诊疗护理活动，还有助于发挥医务人员的积极性和创造性。

相反，如果一个人的情绪不好，其积极性和主动性易受到限制，注意力也不易集中，对信息的刺激反应不灵敏、不及时、不准确。有人曾对医疗差错事故的原因进行分析，发现上班时情绪不佳，注意力分散是发生医疗事故的重要原因之一。

第三，医务人员良好的情绪和稳定的情感有利于建立良好反馈。医务人员如果有良好的情绪和稳定的情感，就能从精神上、物质上为患者提供优质的服务，使患者满意，患者对医务人员会产生感激、体谅、尊敬、信赖的心理反应。这样，医务人员良好的情绪就会在临床工作中建立良好的反馈。一方面，这可构成一种心理的内在奖励，医务人员将从自己的工作中得到成就感和满足感，进而提高工作兴趣和积极性，从而更加努力工作，更好地为患者服务。另一方面，医务人员得到的心理满足，这是一种积极的情感体验，当人处在这种状态时，可增强机体的身心活力。所以，在校期间的医学生应学会处理自己的情绪和情感，只有这样，才有利于以后的工作和自己的身心健康。

医学生要有高度的自觉性，以及善于明辨是非和独立自主的精神，使自己的行为自觉服从职业和社会的需要，遇到困难尽全力去克服，并充分发挥自身的创造性。

二、医学生职业素养教育的现状

通过对在校医学生、毕业医学生及用人单位进行走访调查，笔者发现当前医学生的职业素养教育已取得了不小的成效，成绩是应当肯定的，但也存在着一系列问题。

（一）医学生不重视职业素养教育

在市场经济的环境下，用人单位越来越重视毕业生的职业素养和职业能力。如今，仍有部分大学生集体主义思想淡薄，责任心较差，缺乏合作精神，不积极主动学习，怕苦、怕累，自我约束能力较差。如果不提高这些学生的职业素养，他们最终是会被社会淘汰的。目前，对医学生的职业素养教育还是一个薄弱环节，一些大学生对加强职业素质教育不以为然，不能够正确地对待职业素养教育，他们的职业素养表现令人担忧。

（二）医学生职业素养教育制度不完善

医学生职业素养教育应当尽快走制度化的道路，只有建立合理、完整的考核评价制度，才能使学生将所接受的职业素养教育和基本理论转化为真正的医学行为，从而提高自身的综合素质和专业技术能力。有些医学院校和医院对此认识不足，致使职业素养教育不够经常化、制度化，同时也缺乏相应的考核制度、考核准则，其结果必然导致医学教育质量的滑坡。很多高校虽开展了相关的医学职业指导工作，却存在许多问题。如职业指导教师队伍不稳定，流动性强；开设的职业指导课程重理论知识讲解，轻实践技能培养，不能满足社会对医务人员的需求等。

（三）医学生职业素养教育的内容不明确

医学院在校期间的教育旨在培养医学生的职业道德、职业思想（意识）、职业行为习惯、业务能力，使其树立正确的人生观、世界观、价值观和道德观，进而成为合格的医务人员。调查显示，大部分教师在教学过程中，偏重理论教学，采取以课堂理论教学为主，实验课教学为辅的教学方式，学校对学生的考核主要以学分、成绩和综合素质为主。新生入学教育即医学启蒙教育，临床实践教育即临床实习教育，在这些教育中更多的是体现医学生的职业技能教育，忽视了职业素养相关方面的培养，如职业道德、职业思想（意识）、职业行为习惯等。医学生结束在校的学习后会走向社会，步入临床，他们往往更注重临床业务素质的提升。部分医院为提高经济利益，忽视了对职工和实习生的职业素养教育，以致医务人员没有意识到职业素养的缺失会关系到患者的健康以及自己所承担的义务和责任。因此，要明确职业素养教育的内容，真正做到在校教育和后续教育的结合，只有这样才能培养出合格的医务人员。

（四）部分教师的职业素养不高

部分教师对待本职工作的态度不端正，只注意知识的传递，忽视对学生发挥"育人"的作用，不注意在学生面前的形象，责任心差，对教师队伍产生了不良的影响。教师职业具有自身的特色，教学是教师的职责。医学教育的目标是培养高质量人才，重视医学知识教育和职业素养教育，使学生得到全面的发展，因此这要求教师在医学教育过程中要对学生进行全方位的培养。

医学生的教育是两段式培养，即在校期间和临床实习过程中的培养。在临床实习中，作为教师的一部分——医务人员，其对学生的教育非常重要，他们必须要具备一定的医学知识和临床思维能力，并能运用一定的教育手段和方法，达到教学目的。医学的实践性很强,医术的提高,除了靠钻研医学理论知识外,更重要的是在临床实践中积累经验,磨炼医技。作为教师,在医术上如果不精益求精,职业素养不高势必会使学生在学习和工作的过程中产生懈怠心理,唯利是图,不思进取。所以,要成为医术精湛的医务人员兼诲人不倦的教师,则必须勤奋学习,并不断提升自身的职业素养。

三、医学生职业素养教育的实施策略

进入职场以后的医学生就成了一名职业人,职业人应有职业的态度、言语和行为。有些毕业生忽略了这一点,仍然把在学校里的表现带到工作中去,这自然会导致用人单位对其评价不佳。每一个从事医疗卫生工作的医务人员,一旦从事了这个治病救人的神圣职业,就需在生活实践和临床医务工作实践中不断提高职业素养、专业技能。

就业后职业素养的提升与在校期间职业素养的提升同等重要,后者为前者指明了方向并做了最好的示范。后者是根,前者是叶,根深才能叶茂。因此高校的职业素养教育应开好头,指好路,具体应从以下几个方面对医学生开展职业素养教育。

(一)培养团队合作精神

"团结合作是人的生存方式,具有团结合作意识是现代人的重要素质。现代社会大生产和快节奏的社会生活方式要求人们有高度的合作意识和团队精神。"增强团结合作意识,就要从日常学习生活的点滴做起。通过开展学生活动、主题班会、社团活动、科研兴趣小组,加强师生之间的交流,在教学实验、科研探索设计、临床技能训练和公益性的志愿者活动中进行团队工作协调训练,促使学生的团队合作精神的养成。

(二)培养职业意识

雷恩·吉尔森说:"一个人花在影响自己未来命运的工作选择上的精力,竟比花在购买穿了一年就会扔掉的衣服上的心思要少得多,这是一件多么奇怪的事情,尤其是当他未来的幸福和富足要全部依赖于这份工作时。"很多高中毕业生在跨进大学校门之时就认为已经完成了学习任务,可以在大学里尽情地"享受"了。这正是他们在就业时感到压力巨大的根源。一项调查表明,"在中国,有50%的大学生对于自己毕业后的发展前途感到迷茫,没有目标;41.7%的大学生表示目前没考虑太多;只有8.3%的人对自己的未来有明确的目标并且充满信心"。

职业意识的培养,就是指要让大学生对自己未来的职业生涯进行合理科学的规划,即明确自我未来的发展方向,以及所处的环境能给予自己什么样的支持。最重要的是认识自我,从个性特征包括气质、性格和能力,到个性倾向包括兴趣、动机、需要、价值观等,客观分析自己的优缺点,结合现实环境,确定自己的发展方向,进一步明确自己职业发展的目标。

高校应通过设置职业指导课程,培养医学生的职业意识。具体做法如下。

1. 从一年级开始开设大学生职业生涯规划课

从进入大学开始,就认识医学专业的特点,学习搜集相关专业的就业信息,做好应对各种情况的准备,并合理规划自己的未来,有助于医学生正确地求职择业,并根据自身情况和社会需求确定自己的职业发展方向。

2. 在二年级开设以职业为导向的基础课

从职业态度、职业能力方面培养医学生,开设相关的医护礼仪、医学伦理、医务人员执业法律知识等课程,使医学生明确职业方向,将知识与职业联系起来,增强医学生的职业意识。

3. 在三、四年级开设和专业相结合的特色课

从医学专业的角度开设具有针对性的课程,如护理美学、求职技巧、就业心理培训等,将社会需求与学生自身的发展结合起来,将就业指导与校园文化生活相融合,培养医学生积极向上的择业观。

4. 综合训练在五年级进行

医学生在五年级时要去相关单位进行为期一年的专业实习。学校相关部门应及时掌握就业市场的需求情况,完善教学大纲,通过职业意识培养,使医学毕业生满足用人单位的需要。每个专业配备就业指导教师,指导学生就业,在实习过程中,将理论与实践相结合,让学生在岗位上进行实践锻炼,发挥自身的专业特长。

(三)培养职业行为习惯

在帮助学生树立职业意识的同时,引导学生养成良好的职业行为习惯。

①设置职业场景,如临床技能模拟中心,使学生在学习体验中了解和掌握医务人员职业行为标准,教师播放相关的教学片,通过讲解增强医学生对职业的感性认识。

②运用实践教学法,如案例教学、角色扮演等方法,让学生担任医生、护士,

通过这种方式让学生了解医护岗位的行为规范和标准,能用适合自己岗位的语言、动作,做出适合的事。

③在临床实习实践过程中,完善职业行为。职业行为习惯的养成是一个日积月累的过程,不可能一蹴而就,医学生应有耐心,在每一天的临床实践中去践行医护礼仪,促成职业行为习惯的养成。

职业行为习惯的养成必须结合社会实践,医护人员精湛的医技、高尚的医德品质以及适应本专业发展的各种职业能力的形成,和人的思想认识一样,只能源于社会实践。医学生职业行为习惯的养成,必须同防病治病、维护人民健康的医学实践相结合。医学生只有在防病治病、维护人民健康的医疗卫生实践中,磨炼医德意志、培养医德情感、树立医德信念,才能养成良好的职业行为习惯。

(四)提升职业道德素质

1. 在自我修养中提高

何谓修养?"修"是指锻炼、学习和提高;"养"是指培育、滋养和熏陶。"提高"意为使水平、质量等方面比原来高。医学生的自我修养,指医学生在学习、生活等各种实践中,依据医疗卫生职业道德的基本原则和规范,在职业道德品质和专业职业能力方面的"自我锻炼""自我改造"和"自我提高"。它是提高职业道德水平必不可少的手段,是形成人们职业道德品质的内因,关键在于"自我努力",其目的在于,通过自我实践,培养高尚的职业道德品质,把医疗卫生职业道德的基本原则与规范,自觉地转化为个人内心的要求和坚定的信念,逐步形成良好的职业行为习惯,成为具有较高职业道德水平的人。

2. 在职业活动中提高

职业活动是检验每一个医务工作者职业道德品质和医疗职业能力的试金石。具体地说,医学生在职业活动中提高职业道德素质,要做到以下几点。

①把职业道德基础知识转化为内在的理念,把医疗卫生职业的责任与义务牢记于心,只有这样,才能使职业道德行为持之以恒。

②把内心形成的职业道德情感、意志和信念转化为自己自觉的职业道德行为,并指导自己的医疗卫生职业实践。在这个过程中,始终遵守医务工作者的职业道德规范,承担并履行医务工作者的职业责任和义务。

（五）提升教师的职业素养

1. 加强教师的职业道德建设

"教师的职业道德体现在职业理想、职业态度、职业纪律、职业良心等方面。"教师在教学过程中对学生的影响是深远的，合格的高校教师应该具有敬业精神、良好的职业道德和健康的身心素质，还要具有创新精神等。因此，教师要不断加强自身的职业道德建设，培养社会公德，只有这样，才能真正做到"德高为师，身正为范"，才能更好地对学生进行教育。

2. 不断充实专业知识

由于医学是不断发展更新的综合科学，因此教师应不断充实自己的专业知识。医学门类不可能完全独立，比如外科学必须综合病理学、生理学、解剖学、影像学、肿瘤学、手术学、药理学等才能完成疾病的诊断、治疗和预防。教师只有不断地积累教学和临床经验，才能结合医学教材，进行重点知识的教学，才能把学生领进医学知识的殿堂，使学生掌握自主学习的方法。

3. 提升教师的人文素养

为把医学生培养成综合人才，医学教师要主动学习社科知识，提升自身的人文素养。医学生在学校和实习阶段学习的时候，会模仿教师的言行举止，因此教师应提升自我修养，规范自己的言行举止。如费希特所说："你们都是最优秀的知识分子。如果最优秀的知识分子都丧失了自己的力量，那又用什么去感召学生呢？"

4. 更新教学理念

从事医学教育的教师大多毕业于医学院校，缺少相关的教育理论知识，他们往往在经过短期的培训后就直接从事医学教育，在教学过程中缺乏先进的教育理念，进而影响医学教育的效果。为此医学教师应当从最基础的教育理论学起，通过长期的不懈努力和探索，不断更新自己的教学理念，在教学过程中研究出适合自己的教学方法，坚持以学生为本的教学理念，不断开拓学生的思维，激发学生的创造性，提升医学教育的质量。

5. 提高教师的教学、科研、临床诊疗水平

医学教师既从事教学也从事临床诊疗或者是科研工作，这些工作有力地推动了教育教学的发展。教学和科研联系紧密，教师要不断强化科研意识，充分运用现代科技并结合临床实践，使教学、科研、临床工作三者并重，不断提升自身的教学、科研及临床诊疗水平。

第四章　大学生职业素养修炼

职业素养是人类在就业阶段所需要具备的。大学生的职业素养可以分为两类，分别是专业素养和基本素养，也可理解为内在素养和外在素养。基本素养也称为职业道德素养。专业素养即从事某职业应该具备的专业能力。从古至今一直强调的"术业有专攻"说的就是这个意思，不同的职业对应有不同的要求，但是专业技能要强硬这点毋庸置疑。

大学生职业素养的提升也离不开言行举止、谈吐礼仪、服装搭配、精神面貌此类，它们在职场中发挥着重要的作用。而大学又刚好是此类的培训地，是培养人才之地，是一个人通往就业的基石，也俗称"体验所""另一个社会"。在大学学生不仅可以学到专业知识，还能提前体会到社会的现状。现今的社会，就业变得越来越困难，职业要求不仅要有强项，技能还必须多样化，就是所谓的"术业有专攻"之外还得样样都有接触。

第一节　认知职场礼仪

一、礼仪的含义、重要性及分类

礼仪是社会文明的标志，人际交往的行为规范。学习礼仪的目的是塑造个人的美好形象，当今社会的招聘单位越来越强调人的素质，看重人的能力。因此大学生要很好地掌握和了解礼仪，这一方面有助于大学生提高个人素质与修养；另一方面也有助于大学生建立融洽的人际关系。

（一）礼仪的含义

礼仪是指人们在人际交往中为了互相尊重而约定俗成、共同认可的行为规范、准则和程序。"礼"就是尊重他人，"仪"就是尊重他人的表现形式。礼仪就是以一定形式表现出来的对他人的尊重。礼仪就是行为规范，是待人接物、日常交往中的标准化做法。礼仪是礼貌、礼节和仪式的总称。

礼貌是指人们在相互交往过程中表示敬重和友好的行为规范。礼节是人们在日常生活中，特别是在交际场合中相互表示尊敬、祝颂、问候、致意、哀悼、慰问以及给予必要协助和照料的惯用形式。如握手、鞠躬、拥抱、接吻、致意、微笑等都属于礼节。不同民族、不同国家有不同的礼节，礼节也随时代的发展而发展。仪式是一种正式的礼节形式，是指为表示礼貌和尊重在一定场合举行的、具有专门程序的规范化活动。礼仪是一个人乃至一个民族、一个国家文化修养和道德修养的外在表现形式，是做人的基本要求。

孟子说："有礼者敬人，敬人者人恒敬之。"可见，一个人懂礼貌是何等的重要。中国是文明古国、礼仪之邦，作为其公民，更应该了解和掌握我国优良的礼仪文化传统，尤其是即将走向社会，面对激烈市场竞争和求职压力的大学生。

（二）礼仪的重要性

1. 学习礼仪有利于增进交往

亚里士多德说过，一个人不和别人打交道，不是神就是兽，没有谁能够与世隔绝。因此，大学生应多交朋友，广结善缘。大学生在与人打交道的过程中会面临很多问题，而学习礼仪可以帮助大学生建立良好的人际沟通能力，促进其交往能力的提高。

2. 学习礼仪可以提高个人素养

跟他人打交道也好，做好本职工作也好，恰到好处地展示自己的素养是非常重要的。

礼仪可以有效地展现施礼者和受礼者的教养、风度与魅力，体现一个人对他人和社会的认知水平，是一个人的学识、修养和价值的外在表现。它作用于人的情感状态，影响和改变人的价值观、人生观、个性等，学习礼仪的最终目标是使你学会与他人相处，提高个人素养。

3. 学习礼仪有助于维护个人和企业形象

一个人讲究礼仪，就会在众人面前树立良好的个人形象。如果一个组织中的每个成员都讲究礼仪，就会为自己的组织树立良好的形象，赢得公众的赞誉。现代市场竞争除了产品竞争外，更体现在形象的竞争上。个人形象除了代表自己外，更代表组织的形象、企业的形象，甚至代表国家的形象。

（三）礼仪的分类

礼仪是人际交往中，以一定的约定俗成的程序、方式来表现的律己、敬人的过程，包括穿着、交往、沟通、情商等内容。礼仪按照应用范围来分类一般分为政务礼仪、商务礼仪、服务礼仪、社交礼仪、涉外礼仪等五大分支。

①政务礼仪是国家公务员在行使国家权力和管理职能时所必须遵循的礼仪规范。

②商务礼仪是在商务活动中体现的相互尊重的行为准则。

③服务礼仪是指服务行业的从业人员应具备的基本素质和应遵守的行为规范。

④社交礼仪是指人们在人际交往过程中所具备的基本素质、交际能力等。

⑤涉外礼仪是指在长期的国际往来中，逐步形成的外事礼仪规范，也就是人们参与国际交往所要遵循的规则或约定俗成的做法。

虽然人们将礼仪分为五类，但礼仪是一门综合性的学科，各分支包含的礼仪内容都是相互交融的，大部分礼仪内容都大体相同。为提高大学生职业素养，下面基于大学生的特点主要介绍与学生紧密相关的职场礼仪。

二、职场礼仪

（一）面试礼仪

1. 准时赴约

求职者一定要遵时守信，千万不要迟到或毁约。迟到和毁约都是不尊重主考官的一种表现，也是一种不礼貌的行为。一般来讲，比原定时间早 5～10 分钟到达面试地点较好，提早半个小时以上会被视为没有时间观念。如果求职者有客观原因不能如约按时到场应事先打个电话通知主考官，简洁表达，主动陈述原因，以免对方等待。

2. 着装礼仪

①服装要整洁大方。女生的服装要庄重典雅，剪裁得体的西装套裙、色彩相宜的衬衫和半截裙使人显得稳重、自信、大方、干练，给人"信得过"的印象。裙子长度应在膝盖左右或以下，太短有失庄重。男生穿清爽的衬衣或西服较好。

②选择适宜的颜色。女士服装颜色以淡雅或同色系的搭配为宜，穿着应有职业女性的气息而且浑身上下颜色不宜超过三种。过于鲜艳夺目或跳跃度过大的衣服都不宜穿，这会让主考官很不舒服。男士则最好穿深色西服，以给人成熟、庄重的感觉。

③注意饰物的佩戴。当今是一个追求和谐美的时代，适当搭配一些饰品无疑会使你的形象锦上添花。但搭配饰品也应讲求少而精，一条丝巾、一枚胸花就能恰到好处地体现女士的气质和神韵。应避免佩戴过多，不要佩戴过于夸张或有碍工作的饰物，穿裙装袜子很重要，丝袜以肉色为佳，穿的鞋子不要露脚趾和脚后跟，皮鞋要擦拭干净。男士穿西装要打领带，并且配黑色制式皮鞋，切忌穿运动鞋。

3. 等待礼仪

求职者到达面试公司在等候面试时，不要旁若无人、随心所欲，对接待员要礼貌有加，注意自己的言行举止，不可问东问西。同时等候时不要与人高谈阔论或大声打电话，这样会影响他人准备和思考问题，也会分散正在面试者的注意力。你要做的就是安安静静地按照顺序坐在座位上，平复激动或焦虑的心情，以良好的心态来应对接下来的面试。

4. 敲门与入座礼仪

求职者进入面试室的时候应先敲门，即使面试房间是虚掩的也应先敲门，千万别推门就进，给人鲁莽、无礼的感觉。敲门时要注意门声的大小和敲门的速度。正确的做法是用右手的手指关节轻轻地敲三下，问一声："我可以进来吗？"待听到允许后再轻轻地推门进去。进入后，等到主考官示意坐下再就座。如果没有指定的座位，可选择主考官对面的位子坐下。另外，注意坐姿优美。坐下时，最好只坐 2/3，男生双脚分开，距离比肩宽略窄，双手很自然地放置于大腿上。若是面试穿着较正式的西装，应解开上衣纽扣。女生两腿并拢，身体可稍稍前倾。

5. 微笑示人

求职者在面试时应面露微笑，如果有多位考官，应面带微笑地环视一下，以眼神向所有人致意。一般而言，陌生人在相互认识时彼此会首先留意对方的面部，然后才是身体的其他部分。微笑会缩短人与人之间的距离，改善你与面试官的关系。不要板着面孔，苦着一张脸，表情也不宜太僵硬，一切都要自然。对方说话时，要时有点头，表示自己听明白了，或正在注意听。

6. 面试语言

如果说外部形象是面试的第一张名片，那么语言就是第二张名片，它客观反映了一个人的文化素质和内涵修养。说话要做到准确、精练、平易、生动，要坚持以事实说话，少用虚词、感叹词，力戒空话、套话、口头禅和重复累赘之语。自我介绍应简洁明了，不要像背书似的把简历上的内容再说一遍，那样只会令人觉得乏味。用舒缓的语气将简历中的重点内容稍加说明就可以了，如姓名、毕业学校、专业、特长等。主考官想深入了解某一方面时，你再做介绍。

7. 及时告辞

在面试结束后要向考官表示谢意，还要将椅子放回原位。出门前对考官说声"再见"，开关门的动作一样要轻柔。如在门外见到引导你进入考场的工作人员或其他管理人员、接待人员时，也要表示感谢，因为他们为面试付出了劳动，为参加面试的所有应试者提供了服务。你的感谢除了表示对他们工作的尊重外，也显示了你的良好个人素养。

8. 感谢信

面试后写一封感谢信给接见者，不仅礼貌，还可加深面试官对你的印象。在接到不录用的通知后，也要写信或发个"E-mail"表示感谢，以便下次联络。

（二）办公礼仪

1. 对领导的礼仪

职场上对领导的礼仪至关重要，这不但是一个人修养的表现，同时还是树立他在领导心目中良好形象的需要。

①尊重领导。领导一般具有较高的威望、资历和能力，有很强的自尊心。作为下属，应当维护领导的威望和自尊，在领导面前保持谦虚的态度。不能顶撞领导，特别是在公开场合，即使与领导意见相左，也应在私下向领导说明。

②听从领导指挥。领导对下属有工作方面的指挥权，下属对领导在工作方面的安排指挥必须服从，即便有意见或不同想法，也应先执行。对领导的意见可在事后再提出。

③对领导不能求全责备。作为下属，不能要求领导是全能人才，而应多出主意，帮助领导干好工作，更不要在同事之间随便议论或指责领导。

④提意见时要讲究方法。在工作中给领导提意见时要考虑场合，注意维护领导的威信。

2. 同事之间的礼仪

①尊重同事。相互尊重是处理好任何一种人际关系的基础，同事关系也不例外。同事关系不同于亲友关系，它不是以亲情为纽带的社会关系，亲友之间一时的失礼可以用亲情来弥补，而同事之间的关系以工作为纽带，一旦失礼，创伤就难以愈合。所以要想处理好同事关系，最重要的是尊重对方。

②经济往来应清楚。同事之间可能有相互借钱、借物或馈赠礼品等物质上的往来，但切忌马虎，每一项都应记得清楚，即使是小的款项，也应记在备忘录上，以提醒自己及时归还，以免遗忘、引起误会。

③帮助同事解决困难。同事遇到困难时，通常首先会选择请亲朋帮助，但作为同事，应主动问询。对力所能及的事应尽力帮忙，这样会增进双方之间的感情，使关系更加融洽。

④不在背后议论同事的隐私。每个人都有隐私，隐私与个人的名誉密切相关，背后议论他人的隐私会损害他人的名誉，引起双方关系的紧张甚至恶化，因而是一种不光彩的、有害的行为。

（三）握手礼仪

①握手的顺序。根据握手人的社会地位、年龄、性别和身份来确定握手的顺序。一般由上级、年长者、女士先伸手。例如：晚辈和长辈握手一般是长辈先伸手；上级和下级握手一般是上级先伸手；老师和学生握手一般是老师先伸手；男士和女士握手一般是女士先伸手。另外，朋友、平辈见面，先伸出手者显得更有礼貌。

②握手的时机和时间。握手之前要观察，既不能轻轻一碰就放下，也不要久握对方的手不放，要掌握适度原则。一般而言，说完表示欢迎或告辞致意的话之后，就应放下。

③握手的几个禁忌。第一，心不在焉，表情呆板，不言不语，眼神他顾。第二，伸错手。第三，戴着手套握手。根据国际惯例，女士在社交场合带着的薄纱手套可以不摘，一般御寒用手套一定要摘。

（四）介绍礼仪

现代生活中，人们职业交往的范围日益广泛，似乎每天都在认识新面孔，结交新朋友。初次认识，总少不了介绍。得体的介绍往往会给对方留下良好的第一印象，因此人们又把介绍称为交际之桥。

1. 介绍的类型

从礼仪的角度来讲，介绍可以分为四种类型。第一类，自我介绍；第二类，为他人介绍，指由第三方出面为不相识的双方做介绍；第三类，集体介绍，如在大型的社交场合，把某一个单位、某一个集体的情况向其他人说明；第四类，业务介绍，被介绍的对象是一种物品、一种事务等，如向他人介绍一款手机、向客户介绍公司的业务等。

2. 介绍的顺序

在社交场合，介绍两人相互认识的时候，要坚持受到尊重的一方有了解对方的优先权原则，因此应按以下介绍顺序进行介绍：先把男士介绍给女士；把年轻者介绍给年长者；把客人介绍给主人；把未婚妻介绍给已婚者；把职位低者介绍给职位高者。如果被介绍者是同性或者年龄相仿或者一时难以辨别其身份、地位时，可以先把与自己关系较密切的一方介绍给与自己关系较为生疏的一方。

（五）电话礼仪

随着通信事业的快速发展，电话已成为人们沟通的基本方式。在职场中，得体的电话礼仪对于塑造个人的良好形象，打造和谐的人际关系具有重要意义。

1. 打电话的礼仪

①把握时间。打电话应选择合适的时间，若无急事或者特殊情况，尽可能在受话人上班10分钟以后或者下班前10分钟的时间里通电话；除非有紧急情况，打电话不宜过早（早上7：00以前）或者过晚（晚上10：00以后）；打国际长途电话时应注意地区时差。

②通话准备。通话前要想好通话内容、确立中心、厘清思路、拟定要点，对于重要电话，不妨先记下内容要点，避免通话时慌忙、紧张、语无伦次。

③礼貌问候。电话拨通后，首先问候对方"您好"，然后确认是否找对了人，得到对方答复后，介绍自己的单位、姓名等。要注意音量适宜、语速适中、吐字清晰。宜采用比较客气的言辞，如"对不起，可以向您咨询几个问题吗？""打扰了，占用您两分钟的时间可以吗？""谢谢您的答复"等。通话过程中应避免吃东西、东拉西扯、打哈欠。根据情况可用探寻或商量的口气交谈，同时细心倾听对方的反应。除了特殊情况外，通话时间切忌过长，控制在3分钟左右为宜。通话结束后，应尽量让对方或上级、长辈先挂电话，并说"再见"，待对方放下电话后轻轻放下电话。

2. 接电话的礼仪

听到电话响，要及时接听，以铃响不过三为宜。接通后先说"您好"，然后再报个人姓名。接听要认真，对于时间、地点、人物、数字等信息务必要重点重复、核实；代接电话者要做好详细记录，转告信息时不要遗漏；几个电话同时响起时要分清楚主次，可根据来电号码判断轻重缓急，不知道哪个电话更重要时可以依次接起电话，问清楚缘由后先处理最重要的电话，但切忌同时接听两个电话。

3. 其他注意事项

公共场合接打电话要注意控制音量，不能影响其他人。避免在电影院、音乐厅、图书馆等处接打电话；出于安全考虑，加油站、飞机上、大型医疗设施附近等处禁止使用手机；不使用手机时应锁住手机按钮，以防意外拨打诸如119、110、120等特殊号码。

（六）用餐礼仪

1. 桌次安排

主人或者长者主动安排众人入座；来宾在长者或女士坐定后，方可入座；入座时，男士为身边（尤其是右边）的女士拉开座椅并协助其入座。举行多桌宴请时，每桌都要有一位主桌主人的代表在座。位置一般和主桌主人同向，有时也可以面向主桌主人。人数较多的宴会，主人应安排桌签以使客人确认自己的位置。

2. 位次排列

宴请的座次安排，在公务场合以职务高低为序，在民间则以年龄、辈分高低为序。每桌座位的安排主要依据主宾次序，特殊情况可灵活处理。如遇到主宾身份高于主人，为表示尊重，可以把主宾摆在主人的位置，而主人坐在主宾的位置上。一般而言，主人大都应面对正门而坐，并在主桌就座。各桌位次的尊卑应根据距离该桌主人的远近而定，以近为上，以远为下；同时讲究以右为尊，即以该桌主人面向为准，右为尊，左为卑。见图4-1-1、图4-1-2。

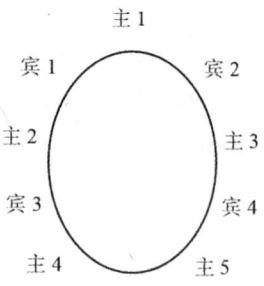

图4-1-1　位次排列（1）

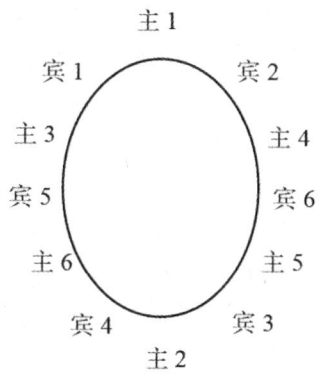

图 4-1-2 位次排列（2）

3. 点菜的礼仪

①看人员组成。通用规则：人均一菜，或 n+1（n 为人数，n+1 为菜数）。

②看菜肴组合。有荤有素，有冷有热，尽量做到全面。

③依宴请的重要程度选择菜品价格，但点菜时不应该问服务员菜肴的价格，或是讨价还价。

4. 进餐的礼仪

①用餐时嘴里不要发出咀嚼的声音，喝汤、喝水也尽可能不要发出刺耳的声响，以免影响他人的食欲，同时也影响自己的形象。不要把食物含在嘴里说话。

②可以劝人多用一些，或是品尝一下菜肴，但切勿越俎代庖，不由分说，擅自为他人夹菜、添饭。这样做既不卫生，还会让人勉为其难。

③用餐的时候，不要当众梳理头发、补妆、宽衣解带、脱鞋脱袜子等。如有必要可以去化妆间或洗手间。

④用餐的时候不要离开座位、四处走动。如果有事要离开，要先和旁边的人打个招呼，可以说声"失陪了""我有事先行一步"等。

⑤用餐时切忌用手指剔牙，可以使用牙签并以手或手帕遮掩，牙签使用后折断放在接碟中。筷子不能一横一竖交叉摆放，不能插在饭碗里。

⑥用餐时，若不慎将酒水、汤汁溅到他人衣物上，应表示歉意，如对方是异性，不必亲自为其擦拭，请服务员帮助即可；如吃到不洁或有异味的食物，不要大呼小叫，应吐出用餐巾纸包好后处理掉。

5. 中餐的饮酒礼仪

在正式的场合，主人皆有敬酒之举。在饮酒特别是祝酒、敬酒时进行干杯，需要有人率先提议；提议干杯时应起身站立，右手端起酒杯，或者右手拿起酒杯后再以左手托扶杯底，面带微笑，目视其他人特别是自己的祝酒对象。祝酒词内容越短越好。在主人和主宾致敬酒词时，众宾客应停止进餐，让主人与主宾先碰杯。在人多的场合中可同时举杯示意，不一定要相互碰杯。

首先，一般由地位高的主人先向地位高的客人敬酒，之后，其他人才能开始互相敬酒，客方各个人适时回敬。可以多人敬一人，决不可一人敬多人，除非你是领导；端起酒杯，右手握杯，左手垫杯底，记着自己的杯子要低于别人，以示对对方的尊重，待对方开始饮酒时，再跟着饮。敬酒要热情大方、适可而止，不宜勉强对方饮尽杯中酒。

其次，敬酒应以年龄大小、职位高低为先后顺序，一定要充分考虑好敬酒的顺序，分清主次。即使和不熟悉的人一起喝酒，也要先打听一下身份或是留意别人对他的称呼，避免出现尴尬或伤感情的情况。但如果在场有更高身份或年长的人，就要先给长者敬酒，不然会使大家很难为情。一般情况下，倒入自己酒杯中的酒要喝完，否则会失礼。如果因生活习惯或健康等原因不适合饮酒，可以委托亲友、部下或晚辈代喝或者以饮料、茶水代替。作为敬酒人，应充分体谅对方，在对方请人代酒或用饮料代替时，不要非让对方喝酒不可。

最后，当主人或主宾或其他人来敬酒时，应起立举杯，碰杯时注视对方眼鼻处的三角区位置，因为不看对方是不礼貌的。敬酒时忌强人所难，饮酒时忌一饮而尽。

三、提高大学生礼仪修养的方法

（一）重视礼仪知识的学习

要提高个人的礼仪修养，就要主动学习礼仪知识，自觉接受礼仪教育，从思想上提高礼仪修养水平；利用图书资料、广播电视、互联网、培训等渠道，全面系统地学习礼仪知识；从理论上掌握在不同的场合、面对不同的交往对象，应该运用哪些礼仪，应该避讳什么。

（二）进行礼仪实践

积极参加社会实践活动，逐步提高礼仪能力和水平。要提高个人的礼仪修养，就必须进行礼仪实践，积极运用礼仪知识，做到知行统一。"纸上得来终觉浅，绝知此事要躬行。"通过反复实践，提高礼仪运用的熟练程度，把握好礼仪运用的规范性，摸索礼仪运用的技巧，真正成为一个知礼、守礼、行礼的人。

（三）定位好自身的角色

在当代社会，每一个人都扮演着不同的角色，都要遵循不同的道德规范和行为准则，遵循特定的游戏规则。大学生在日常的行为活动中必须定位好自身的角色，避免角色错位。在老师面前要扮演好学生的角色，在父母面前要扮演好子女的角色，在同学、朋友面前要扮演好同学、朋友的角色……大学生要能够游刃有余地穿梭在各个不同的角色中间，扮演好自身特定的角色，这不仅能保证自己快速适应周围的环境，同时也是个人自身修养的一种体现，从而使自身形象得到优化和提高。

（四）不断进行自我反省

提升礼仪修养的关键在于不断进行自我反省，大学生对于"吾日三省吾身"这样的警句应时刻铭记于心，做一个"思想上虚怀若谷，行动上登高望远"的人，只有这样才能达到自我教育的境界。

四、拓展训练

请结合自身实际，积极参与以下项目的训练，努力提升礼仪修养。

（一）站姿训练

每天坚持进行背靠墙面练习，使后脑、双肩、臀部、小腿肚、脚后跟紧贴墙面，并且在肩部、小腿部靠墙面的地方夹放一张名片。要确保名片不能滑落，训练时间为 10～20 分钟。如图 4-1-3 为站姿示意图。

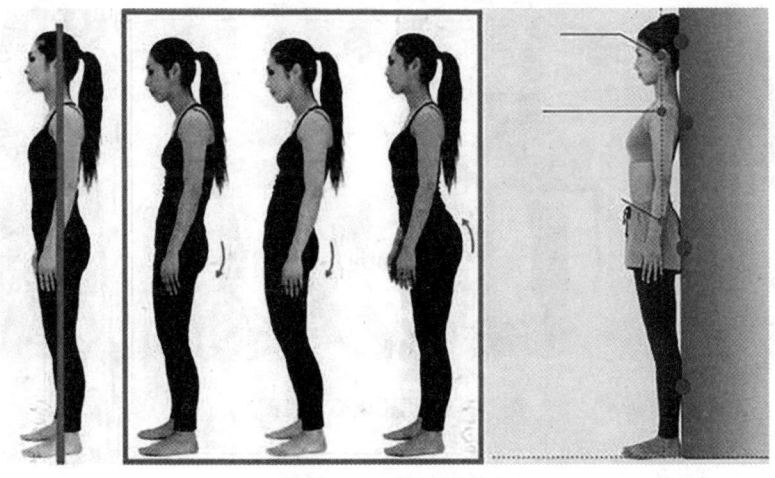

图 4-1-3　站姿示意图

（二）坐姿训练

在头顶上放一本书。要求上体正直，颈部挺直，双目平视前方，面带微笑，并且要保证书本不会滑落，训练时间为 10～20 分钟。如图 4-1-4 为女士坐姿示意图，图 4-1-5 为男士坐姿示意图。

图 4-1-4　女士坐姿示意图

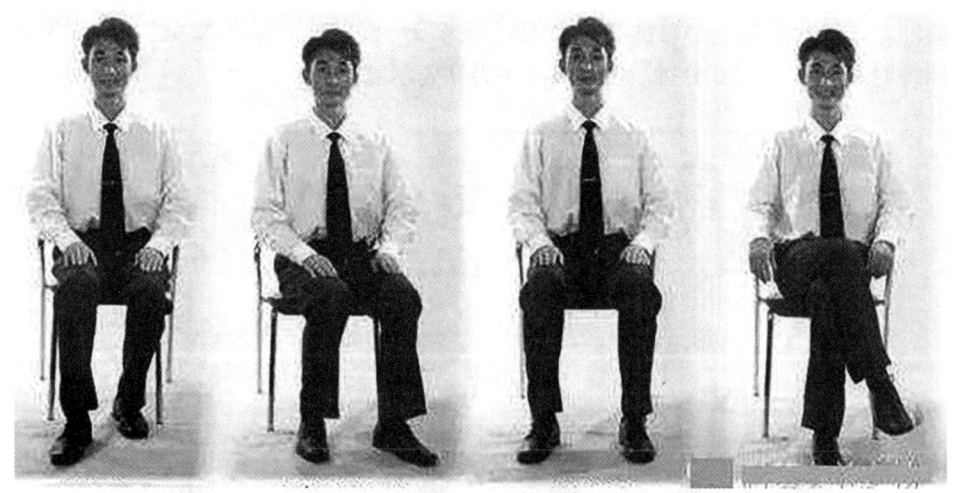

图 4-1-5　男士坐姿示意图

(三)行走辅助训练

①摆臂。人直立,保持基本站姿。在距离小腹两拳处确定一个点,两手呈半握拳状,沿斜前方向均向此点摆动,由大臂带动小臂。

②展膝。保持基本站姿,左脚跟起踵,脚尖不离地面,左脚跟落下时,右脚跟同时起踵,两脚交替进行,脚跟提起的腿屈膝,另一条腿膝部内侧用力绷直。做此动作时,两膝靠拢,内侧摩擦运动。

③平衡。行走时,在头上放个小垫子或书本,用左、右手轮流扶住,在能够掌握平衡之后,再放下手进行练习,注意保持物品不掉下来。

(四)迈步分解动作练习

①保持基本站姿,双手叉腰,左腿擦地前点地,与右脚相距一个脚长,右腿直腿蹬地,髋关节迅速前移重心,成右后点地,然后换方向练习。

②保持基本站姿,两臂自然下垂。左腿前点地时,右臂移至小腹前的指定点位置,左臂向后斜摆,右腿蹬地,重心前移成右后点地时,手臂位置不变,然后换方向练习。

(五)行走连续动作训练

①左腿屈膝,向上抬起,提腿向正前方迈出,脚跟先落地,经脚心、前脚掌至全脚落地,同时右脚后跟向上慢慢抬起,身体重心移向左腿。

②换右腿屈膝,经过与左腿膝盖内侧摩擦向上抬起,勾脚迈出,脚跟先着地,落在左脚前方,两脚间相隔一脚距离。

③迈左腿时,右臂在前;迈右腿时,左臂在前。

④将以上动作连贯运用,反复练习。

如图4-1-5为正确的行走示意图。

图4-1-5　正确的行走示意图

第二节 认知职场沟通

一、职场沟通理念

（一）向上沟通要有"胆"

上下级间的沟通并不是一件轻易的事。很少有员工会主动找上级沟通，即使有，也很少有人会讲真话、心里话。古人总是告诫我们要谦虚谨慎，要回避矛盾，回避冲突，不强出头。长期以来，有些人已经习惯于"既不反对，也不赞成""既不讨好，也不得罪"。由于受到这种等级观念、潜在自我保护意识及中国传统文化和环境的影响，上下级之间的误会越来越深。

1. 要克服惧怕领导的心理

与领导沟通时，下属首先要做的就是去掉一个"怕"字，即克服惧怕领导的心理，主动大胆地与领导认真交流，征求领导的意见。即使领导批评了自己，也不要认为天就塌下来了，要积极地向领导寻求帮助、寻求办法，能得到领导的帮助和指点无疑对克服和弥补自己在工作上的缺点和不足具有重要意义。这样有胆量的沟通能及时消除领导对自己的误解，并了解领导的真实意图，能使领导更好地指导自己下一步的工作。

2. 要多出选择题，少出问答题

一个善于思考、做事负责的下属是不会一天到晚请示领导的。所以我们应该带着答案、预备好对策走进领导的办公室。也就是说，你和领导沟通的时候，应当尽可能多出选择题，而不出问答题，并且是尽可能出多选题而非单选题。因为假如你只带了一个答案，就表示除了这个没有更好的办法。另外还要注意，在给选择题的时候，应当罗列每种方案或办法的优缺点以及可能产生的后果，以帮助你的领导做出周全的决策。

3. 要主动地、及时地反馈

对于任何已经安排下来的事项，领导的主动提醒或追问是下属工作失败的表现。作为一个职业人，一件事交给你去做，你如何做的？进展到什么程度？有没有做好？收到了什么实效？这些问题永远都不要等到领导问你时才回答。假如你能够不让你的领导像秘书一样不断地提醒你，假如你能够让他省心、放心,那他对你的授权就会越来越大,几次下来以后,事情交代给你,他也就不会再过问了。

(二)平行沟通要有"肺"

由于社会化分工越来越细,往往为完成一个目标、一项工程、一个产品,需要在不同企业之间、部门之间、同事之间,在营销、生产、管理等不同环节、不同阶段,共同利用同一资源为产生整体的效益而协同工作。为此,平级之间的沟通与合作是非常必要的。同事与我们处于同一企业、同一部门、同一车间、同一班组或同一办公场所,为了生存和发展要感受同一种压力,工作中你中有我,我中有你,谁也少不了谁。每天与同事在一起的时间有时会大大超过自己的家人。同事作为你工作中的伙伴,难免有利益上或其他方面的冲突,处理这些矛盾的时候,最好第一个想到的解决方法是以肺腑之言真诚沟通,共同探讨解决问题的办法,而不是互相指责。

(三)向下沟通要有"心"

地位影响人的心理,领导者与下属沟通时不可避免会产生一种"居高临下"的感觉。

有一些领导当下级汇报工作时,不管他说完没有,只要觉得听懂了下属要表达的意思便打断下属的话,并开始滔滔不绝地发表自己的观点,然后以某些指令结束谈话。比如,"这里轮不到你说话,你的任务就是好好听我说""怎么这么啰唆,按照我说的去做就行了"等,这种上级单方面发出的语言信息,没有考虑到员工的情感或需求,因此员工有可能对上级产生怨恨、恼怒和敌对的情绪。韦尔奇认为,"真正的沟通不是演讲、文件和报告,而是一种态度、一种文化环境,是站在平等地位上开诚布公地、面对面地交流,是双向的互动。只要花时间做面对面的沟通,大家总能取得共识"。因此,上级与下级沟通时,关键是要用心去沟通,并以平等的心态倾听他们的呼声、尊重他们的想法,让他们参与决策,求同存异,达成共识,做到真正与员工交心。

向下沟通,需要平等的态度。骆家辉单膝跪地和9岁女孩杨芷湄交谈的画面极好地佐证了这一点。杨芷湄参加美国皮克斯动画展,有幸向骆家辉提问:"大使先生,您小学时功课怎么样?我这次英语考了82分,妈妈骂了我。"骆大使单膝跪在小妹妹面前,讲了十几分钟往昔的菜鸟生涯。她回忆说:"我惊呆了,没有记住多少他的话,我的脑海里只有他跪下来的画面。我清晰地看到了他关爱的眼神,还有耳边的白发。"

二、认知有效沟通

（一）"沟通"的基本含义及作用

从字源上看，沟指水道；通指贯通、通知、通晓、通过……在外文集《哥伦比亚百科全书》中沟通指"思想及信息的传递"。《大英百科全书》中的沟通指"互相交换信息的行为"。美国学者布农认为，沟通是"将观念或思想由一个人传递给另一个人的过程，或者是一个人自身内的传递，其目的是使接受沟通的人获得思想上的了解"。英国学者丹尼斯·奎尔认为沟通是"人或团体主要通过符号向其他个人或团体传递信息、观念、态度或情感的过程"。

综上所述，沟通是人与人之间传递信息、传播思想、传达情感的过程，是一个人获得他人思想、见解、价值观的一种途径，是人与人之间交往的一座桥梁，通过这个桥梁，人们可以分享彼此的情感和知识，消除误会，增进了解，达成共同认识或共同协议。

人们可以通过沟通交流信息，获得情感与思想。在人们工作、娱乐、买卖时，或者希望和一些人的关系更加稳固和持久时，都要通过交流、合作来达到目的。

在沟通过程中，人们分享、披露、接收信息。沟通的内容十分丰富。沟通的方式可以分为交流、劝说、教授、谈判、命令等。

综上所述，沟通的主要作用有以下两个。

1. 传递和获得信息

信息的采集、传送、整理、交换，无一不是沟通的过程。通过沟通交换有意义、有价值的各种信息，生活中的大小事务才得以开展。

好的沟通者可以一直集中注意力，随时抓住内容重点，找出所需要的重要信息。他们能更透彻地了解信息的内容，取得最佳的工作效率，并节省时间与精力，获得更高的生产力。

2. 改善人际关系

社会是由人们通过互相沟通所维持的关系组成的网，人们相互交流是因为需要同周围的社会环境相联系。

沟通与人际关系相互促进、相互影响。有效的沟通可以赢得和谐的人际关系，而和谐的人际关系又使沟通更加顺畅。相反，人际关系不良会使沟通难以开展，而不恰当的沟通又会使人际关系变得更坏。

（二）沟通的意义

沟通是人类组织的基本特征和活动之一。没有沟通，就不可能形成组织和人类社会。

家庭、企业、国家都是十分典型的人类组织形态。沟通是维系组织存在，创造和维护组织文化，提高组织效率、效益，支持、促进组织不断进步发展的主要途径。

有效的沟通可以让我们高效率地把一件事情办好，让我们享受更美好的生活。善于沟通的人懂得如何维持和改善与他人的关系，能够更好地展示自我需求、发现他人需求，最终赢得更好的人际关系和成功的事业。有效沟通的意义可以总结为以下几点：

①满足人们彼此交流的需要；
②使人们达成共识，更好地合作；
③降低工作的代理成本，提高办事效率；
④能获得有价值的信息，并使个人办事更加井井有条；
⑤使人进行清晰的思考，有效把握所做的事。

沟通不仅是处理好人与人之间关系最好的工具，它更是人们走向成功的基石。沟通可以让整个世界连接在一起，当然，沟通并不是那么容易的，它是一门艺术。大学生是国家宝贵的人才资源，是民族的希望、祖国的未来。要使大学生成长为中国特色社会主义事业的建设者和接班人，就必须注重他们的全面、协调发展。因此，在高等教育中研究如何培养大学生的沟通能力具有重要意义。

（三）有效沟通的模型建构

沟通既然是人们分享信息、思想和情感的过程，那么就离不开每个沟通要素的积极参与。

沟通过程是由发送者、接收者、信息、渠道、反馈、噪声和环境等各种要素构成的。为了便于人际沟通模型的建构，下面具体分析各个要素。

1. 发送者、接收者

在现实生活中，人们有分享信息、交流思想和情感的需要，这就使沟通成为可能。然而，这种沟通不是一种单向的过程，而是一种双向的过程，即一个人表达思想、其他人接收，然后，这个过程逆向进行。在大多数沟通情景中，人们是发送者、接收者，即在同一时间既是发送者又是接收者。

2. 信息

信息是由一个发送—接收者要分享的思想和情感组成的。思想和情感只有在表现为符号时才能得以沟通，这种符号是语言符号和非语言符号的统一。如果说发送者、接收者是沟通活动中的主体，那么，这种符号就是沟通传递的客体。接收者有时并不能领悟发送者内心真正要表达的东西，他只有通过接收发送者传递的信息来理解对方真正的意图。可以说，信息是沟通者真实意图的重要载体。

3. 渠道

渠道是信息经过的实际路线，是信息到达发送者、接收者那里的手段。渠道的选择直接关系到信息传递和反馈的效果。不同的信息内容要求使用不同的沟通渠道。在各种方式中，影响力最大的仍然是面对面的沟通方式。面对面沟通时，除了词语本身的信息外，还有沟通者整体心理状态的信息。这些信息使得发送者和接收者可以发生情绪上的相互感染，沟通渠道主要是思维的敏捷性和听觉、视觉的灵活性。

4. 反馈

反馈是发送者、接收者相互间的具体反应。反馈是让沟通双方知道思想和情感是否按他们预期计划的方式来分享，所以它对沟通是至关重要的。面对面的发送者、接收者有最大的反馈机会，特别是在没有其他事物干扰的情况下。在这种环境中，我们有机会知道他人是否理解并领会了信息传达的意思。总而言之，交流中包含的人越少，反馈的机会越大。

5. 噪声

噪声是准确解释和理解信息的障碍。噪声发生在发送者和接收者之间，它包括三种形式：外部噪声、内部噪声和语义噪声。外部噪声来自环境，它阻碍人们听到或理解信息。内部噪声发生在发送者、接收者的头脑中，这时他们的思想和情感集中在沟通以外的事情上。语义噪声是由于人们对词语产生了某种情感上的反应而引起的。这种噪声和前两种噪声一样，能干扰全部或部分信息。

6. 环境

环境是沟通发生的地方。环境对沟通能够产生重大的影响，正式的环境适合于正式的沟通。

在很多情况下，当环境发生变化时，沟通也会发生变化。

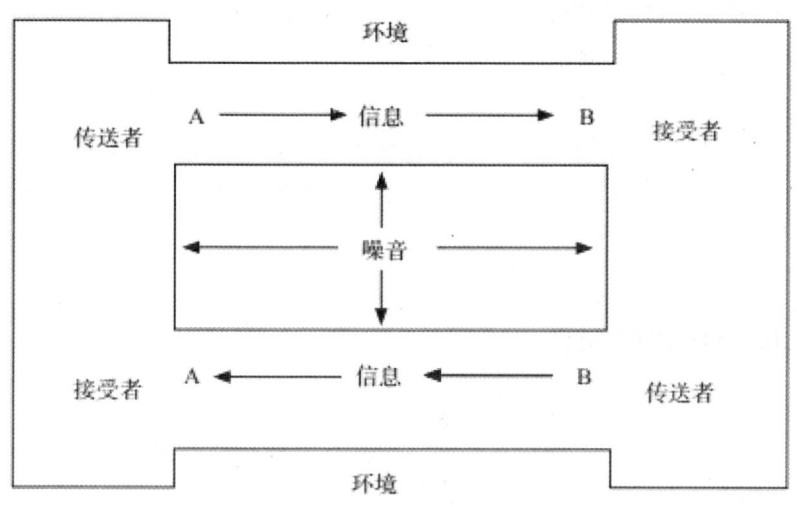

图 4-2-1 沟通模式循环图

在以上的沟通模式中，A 既是传送者，又是接受者；B 既是接受者，又是传送者。A、B 对对方的信息必须消化、评估、认定，然后再给予反馈。当然，对于当代大学生而言，沟通模式并不是一成不变的，但其仍然离不开以上最基本要素的互动。

（四）沟通的种类

根据沟通符号的种类，沟通分为语言沟通和非语言沟通。语言沟通又包括书面沟通与口头沟通。语言沟通是指用语言符号进行的信息交流，包括口语和书面语的沟通。非语言沟通是指用非语言符号进行的信息交流，主要有神态、表情、姿势、手势等。

根据是否是结构性和系统性的，沟通分为正式沟通和非正式沟通。正式沟通是指通过组织机构规定的途径所进行的沟通，如会议、谈话等。会议沟通是一种成本较高的沟通方式，沟通的时间一般比较长，常用于解决较重大、较复杂的问题。个别交谈是简便、及时的私下沟通方法，既是彼此关心或建立感情的渠道，也是探讨和研究问题的重要方式。非正式沟通指在正式渠道之外的沟通活动，如各种各样的社会交往活动。

根据在群体或组织中沟通传递的方向，沟通分为上行沟通、下行沟通、平行沟通和斜向沟通。上行沟通指下级向上级反映情况或汇报工作的沟通；下行沟通指上级把政策、目标、制度、规则等向下级传达的沟通；平行沟通指组织或群体中的同级机构或同级成员之间的沟通；斜向沟通指非上下级、平级的沟通，这种沟通常带有协商性和主动性。

根据沟通中的互动性，沟通分为单向沟通与双向沟通。单向沟通指一方是传递者，而另外一方是接受者，如发表演讲、发布命令等。双向沟通指双方互为信息的传递者和接受者，如讨论、谈判或谈话等。

此外从发送者和接收者的角度而言，沟通包括自我沟通、人际沟通与群体沟通。

（五）有效沟通的基本模式

1. 语言沟通

语言是人类特有的一种非常好的、有效的沟通方式。语言沟通包括口头语言、书面语言、图片或者图形。

口头语言包括面对面的谈话、会议等。书面语言包括信函、广告和传真，甚至包括现在用得很多的 E-mail 等。图片包括一些幻灯片和电影等，这些都统称为语言沟通。

在沟通过程中，与传递思想、传递情感相比，语言沟通更擅长于传递信息。

2. 肢体语言的沟通

肢体语言的内容非常丰富，包括我们的动作、表情、眼神。实际上，在我们的声音里也包含着非常丰富的肢体语言。例如，我们在说每一句话的时候，用什么样的音色去说，用什么样的抑扬顿挫去说，等等。这些都是肢体语言的一部分。

我们说沟通的模式有语言和肢体语言这两种，语言更擅长沟通的是信息，肢体语言更擅长沟通的是人与人之间的思想和情感。

3. 达成有效沟通的内涵条件

达成有效沟通须具备两个必要条件：首先，信息发送者清晰地表达信息的内涵，以便信息接收者能确切理解；其次，信息发送者重视信息接收者的反应并根据其反应及时修正信息的传递方式，免除不必要的误解。两者缺一不可。有效沟通主要指组织内人员的沟通，尤其是管理者与被管理者之间的沟通。

有效沟通能否成立的关键在于信息的有效性，信息的有效程度决定了沟通的有效程度。信息的有效程度主要取决于以下几个方面。

（1）信息的透明程度

当一则信息应该作为公共信息时就不应该导致信息的不对称性，信息必须是公开的。

公开的信息并不意味着简单的信息传递,而要确保信息接收者能理解信息的内涵。比如,以一种模棱两可的、含糊不清的文字语言传递一种不清晰的、难以使人理解的信息。这对于信息接收者而言没有任何意义。另外,信息接收者也有权获得与自身利益相关的信息内涵。否则有可能导致信息接收者对信息发送者的行为动机产生怀疑。

(2)信息的反馈程度

有效沟通是一种动态的双向行为,而双向的沟通对信息发送者来说应得到充分的反馈。

只有沟通的主、客体双方都充分表达了对某一问题的看法,才真正具备有效沟通的意义。

三、有效沟通的重要性

(一)大学生沟通教育的重要意义

当代大学生作为我国社会生活中的一个特殊群体,他们思维敏捷、充满自信,乐于接受新事物、可塑性强,但同时他们的情绪也容易波动,一些大学生遇到挫折时往往不能承受,有的甚至灰心丧气,甚至对自己的未来丧失信心。由于当代中国急剧的社会转型带来了人们利益关系的重大调整、价值观念的深刻变化、社会竞争的空前加剧,因此大学生面临着保留与更新、开放与封闭等诸多矛盾,他们的心理适应能力受到了严峻的挑战。近年来发生的几起校园案件警示我们:一些大学生出现了程度不同的沟通障碍症状。

当前,一些高校大学生在人际交往中表现出了紧张、恐惧、自卑、冷漠以及自我定位存在偏差等心理障碍症状。大学生人际交往方式也存在着功利主义方式、实用主义方式以及网络交往中的虚拟方式等狭隘性交往形式。有效沟通是人类社会发展的必要条件,对高校大学生进行人际沟通技巧教育和培训,对于促进大学生适应社会发展具有重要的意义。

1. 有效沟通是高校大学生交流信息、获取知识的重要途径

现代社会是信息社会,人们对各种信息的需求随着信息量的扩大不断增长。沟通可以促使大学生之间传递与交流信息,丰富大学生的经验,使其开阔视野、活跃思维、启迪智慧。

2. 有效沟通是高校大学生认识自我、完善自我的必要手段

沟通的一个重要功能就是满足个体的心理发展需求，高校应针对大学生人际关系实施有效的人际沟通教育，帮助高校大学生在相互认识、交往的过程中较为全面地认识、定位、完善和提高自己。

3. 有效沟通是大学生个性发展与社会协调进步的重要条件

沟通是个体之间的互动，是协调个人、集体、社会关系的桥梁与纽带。良好的社会关系能促进青年学生正义感、同情心、积极向上等个性品质的形成，它是个体与社会和谐发展的前提条件。

4. 有效沟通是企业和社会对大学生的职业素养要求

面对现代社会日益复杂的社会关系，我们每个人都希望自己能够获取和谐、融洽的家庭关系、朋友关系、同事关系和上下级关系，而获得这种良好关系的最主要途径是沟通。

沟通虽不是万能的，但没有沟通是万万不能的，沟通是一种关键的能力。尤其是对于即将走上社会的大学生来讲，更是如此。

首先，良好的沟通能力是大学生的核心竞争力之一。目前，一些大学生抱怨找工作越来越难，就业压力越来越大。为什么当众多学子获得了计算机培训、英语培训、职业资格证书培训等权威证书后，仍然存在就业难的问题呢？为什么企业使用了大量的人力、物力及财力在高校及社会上广招人才，但仍然抱怨招人难呢？企业和社会究竟需要什么样的人才呢？一个职业人士所需要的三个基本的技能依次是沟通能力、管理能力和团队合作能力。大学生最需要提高的能力是沟通能力，因为企业需要的是能够运用自己良好的沟通能力与企业内外有关人员接触，能够合作无间、同心同德、完成组织的使命和目标的人。

其次，良好的沟通能减少误解，从而创造一个和谐的人际关系。

最后，良好沟通的一个重要职能就是交流信息，沟通者互相讨论和启发、共同思考，这样往往能迸发出创意的火花。当然，良好的沟通也能获得更佳、更多的合作，能使自己办事更加井井有条，能增强清晰思考的能力，等等。

（二）大学生在人际关系沟通中的特点

当在特定时间内时，人际沟通是指有目的地进行一系列交际行为。其重点在于它是一种有意义的沟通历程，在人际沟通的过程中，双方表现的是一种互动。相对而言，人际沟通具有心理协调功能、社会功能以及决策功能等重要功能。

当代高校大学生文化层次较高，生理和心理日趋成熟，富于理想，情感意识较重，人际关系沟通具有鲜明的特点。

1. 单向性

现代人际沟通过程中，一些大学生在优化个体发展环境时，往往立足于从本体自我出发，轻视情感交流沟通的互补相依性，狭隘地将自己凌驾于交流对象之上，从而形成了不平等的沟通。

2. 功利性

人际沟通作为一种社会活动，反映着个体的精神情感需要。当代大学生人际沟通鲜明的目的性和功利性占据着一定的比重。这种方式容易把情感交流变成利益均衡的价值交易，阻碍着群体的和谐统一。

3. 多元性

受人才市场结构需求形势的影响，当代大学生普遍注重学业知识的学习和综合素质的培养，人际沟通方式所设计的信息交流显示出立体化和多面性等特征。

4. 开放性

随着信息社会的发展变化，大学生人际沟通呈现出前所未有的开放式交往趋势，交往手段日趋多元化。交往动机越来越注重与自身利益相关的务实性，呈现出情感型交往与功利型交往并重的趋势。

（三）大学生沟通能力欠缺的表现

习近平主席曾经在天津的毕业生招聘会上对一位大学生说："做实际工作情商很重要，更多需要的是群众工作和解决问题的能力，也就是适应社会的能力。"沟通能力已成为现代人才的主要标志，是一个人获得事业成功必备的首要能力。面对现代企业单位对用人提出的新条件，当代大学生也同样感受到了人际交往能力的重要性。然而，人际沟通能力上的缺陷已经成为大学生求职路上的"拦路虎"。良好的人际沟通能力并不是与生俱来的，只有通过不断的系统培训才能有效地提高。由于现行教育体制过度追求学生的学业成绩而忽视了对学生交际与表达能力的培养，大学生的人际交往能力也恰恰成了教育环节中的最薄弱之处。因此培养了一些高智商、低情商的大学生，他们往往处理不好与其他人的关系。大学生沟通能力欠缺的表现如下。

1. 自我认识不足，缺乏自信，从而导致在沟通中缺乏内在的影响力

所有的沟通都始于自我，而每个人对自己的真实看法都是很隐秘的。"自我观念"是维持有效沟通最重要的影响因素，所以必须正视人的自我观念，当一个人的自我观念受到威胁时，他本能的反应就是防守和保护，而当一个人有

大学生职业素养教育与提升

了防守的反应时,就无法期待任何具有意义的沟通了。从目前高等院校的学生来看,有 80%～90% 的学生在开始上台演讲时都有一定的自卑和恐惧感。一些学生在和他人进行沟通时是低着脑袋的,不敢正视他人。

上课时一些学生只是一声不响地坐在那里,从不参与课堂教学,不敢说话;还有些学生甚至觉得谈话是很讨厌很麻烦的一件事,不愿意说……为什么会出现这种情况。可能是学生以自我为中心,对其他事情不关心;可能是从小缺乏集体生活,对人不太了解;也可能是因为害怕自我形象受到某种损害;也有可能是因为受到了各种因循守旧的精神文化的影响,如"祸从口出"等。自信,就意味着对自己信任、欣赏和尊重;意味着胸有成竹,如一个人对自己的说话能力都不信任,那怎么还能指望他人对自己的说话内容产生兴趣。

2. 缺乏一定的沟通技巧,从而影响沟通效果

目前可以看到的大学生在沟通技巧上表现的不足有以下几方面。有些同学口头表达能力不佳、词不达意、口齿不清,甚至干脆就是家乡普通话,使人难以了解他的意图。有些同学传递形式不协调,使信息接受者难以理解所传递的信息内容,比如,嬉皮笑脸地在讲一件严肃的事,其他学生就会弄不明白是真的还是假的。有些同学自以为是,说话时声如洪钟,似乎口若悬河,根本不关心他人感受或往往只注重表达,而没有注重倾听,这很容易引人反感。还有在沟通过程中,有时信息传递的时间、地点不合适;有时信息渠道过长,导致信息漏失和错传;有时一方始终是收信者,从不反馈信息;等等。这直接影响了沟通的效果。

(四)当代大学生沟通存在障碍的原因

1. 家庭因素

家人是孩子最早接触到的群体,给孩子的性格产生了巨大的影响,父母是孩子的启蒙教师,更是终身教师。孩子能否健康成长,以及长大后会成为什么样的人,是由父母所营造的家庭环境所决定的。加利福尼亚大学的鲍姆林德通过对父母的教养行为与儿童个性发展的关系的研究,总结出了四种父母的教养方式:权威型、专制型、溺爱型和忽视型。不同的家庭教育方式与子女的健康发展有着密切关系。在影响孩子成长的诸多社会因素中,家庭因素显然是最重要的,也是最直接、最根本的。而我国由于计划生育政策的实施每个家庭基本只有一个孩子,随着经济的发展,家庭的生活条件逐步提高,在这样的社会和家庭背景下,一些大学生自私自利、唯我独尊,在沟通过程中习惯于从自己的

需要和好恶出发，不会换位思考，一味地以自我为中心，忽视别人的想法、观点和情感，他们在进入大学后暴露出了许多人际交往方面的问题，往往不能适应集体生活。

2. 个人素质

良好的沟通能力是个人综合素质的重要体现，个人素质的高低又反作用于个人的沟通与交际能力。这里所说的个人素质主要是指知识能力、个人心理素养、人格特质等。

①用"知识武装头脑"。这句话告诉我们，人们在具备一定的知识后，就能够清晰地表达出自己的思想，就能够更好地与他人沟通交流，不至于在与他人面对面交流时出现词穷和语句不接的情况。培根曾经说"知识就是力量"，确实，当一个人拥有一定量的知识储备时，他便拥有了和人侃侃而谈的资本。

②心理问题也同样会对个人在沟通上产生巨大影响。自卑是人际交往过程中的大敌。现代大学生中，一些社会原因导致了一些孩子产生了忧郁、孤僻等心理问题，这使得他们在面对交流的时候出现了人际交往障碍。

③人格特质是交流双方进行高质量沟通的催化剂。人格特质是一个人在长期的学习、生活中培养出的优秀人格魅力，人与人在沟通交流时，相互理解、积极坦诚沟通、求同存异、换位思考等是决定沟通质量的重要因素。然而，在当今社会，一些人缺少一颗真诚相待的心，在沟通时不能做到平等、坦诚，以至于在相互交流时只会停于表层，没有深入的内心交流。

3. 现代网络平台

网络是现代科技带给人类的福祉，它的存在给大学生提供了交流的平台，QQ、人人、微博、微信等交流平台的出现，确实削减了大学生因文化冲突导致的交往不适，有利于大学生拓展人际交往范围。而网络是把双刃剑，在给大学生带来便利的同时，也给他们带来了众多的隐患。"网聊热，见面冷"已成为当今大学生缺乏真实沟通的主要表现。事实证明，网络可能使大学生的现实情感萎缩，沟通能力退化。习惯通过网络来交流会使得大学生在很大程度上减弱与他人交往的愿望。人际交往的减少很容易造成人际关系淡化，导致大学生只迷恋虚构的物质而脱离现实的现象出现。逐渐地，一些学生在真实的交往中感到紧张、不适应，对现实产生了冷漠与抵触心理，产生了对现实人际交往的恐惧，进而导致沟通存在障碍。

四、掌握有效沟通的时机、原则和方法

（一）有效沟通的时机选择

孔子说："言未及之而言，谓之躁；言及之而不言，谓之隐；未见颜色而言，谓之瞽。"

用现在的话说就是，话还没说到那儿，你就出来发表意见了，这叫毛毛躁躁；话题已经说到这了，你本来应该自然而然地往下说，可你却吞吞吐吐、遮遮掩掩，这叫有话不说；不看别人的脸色，上来就说话，这就叫睁眼瞎。沟通的合适时机指已经具备沟通的客观环境条件，且双方都愿意进行对话的时候。尤其是与上司进行沟通，更要注意找准时机。例如，一位公司职员向老板要求加薪，但当时老板刚丢了一笔生意、心情不好，于是婉言拒绝了他的要求。由于该职员再三坚持自己的主张，老板寸步不让，结果发生了一场激烈的争论，最后该职员不得不辞职离开。因此，在上司情绪低落时，千万不要去打搅他；也不要赶在吃饭的时间去讨论，因为这时他易于分散精力和匆忙地做出决定；上司准备去度假或者度假刚回来，也最好不要去打扰。我们要把握住有效沟通的最佳时机。

1. 祝福要在当场传达

当别人达成某种成果时，最好当场坦率地加以称赞。如果你想："现在很忙，以后再说吧。下次见到他的时候，再告诉他吧！"把赞美延后，你会被视为嫉妒他人的成功。错过时机的恭喜不仅无法传达你的心意，甚至会被当作讽刺或社交辞令。

2. 道歉要在事发当天说

如果你与上司发生了不愉快，即使你认为自己没有错，但是在下班回家的时候，也要道上一句歉："今天给你添麻烦了。"第二天，你们的关系就会大为不同。如果你闹情绪，把这件事情放着不管，你就会错过和好的机会了。

3. 尽早回复

有些事情确实是要花时间去做的，但是迅速地响应会提高他人对你的信赖。听到电话留言，或是收到传真的时候，应该回复一句"我知道了，详细情况明天再谈"，只要尽早给对方答复就可以了。

（二）有效沟通的原则

沟通作为人类最基本、最重要的活动方式和交往过程之一，不仅在管理中

占据首屈一指的地位，而且在其他的人类行为中也扮演着十分重要的、不可或缺的关键角色。人类社会及人类社会中的任何一个基本组织都是由两个或多个个体所组成的一个群体，沟通是维系组织存在，创造和维护组织文化，提高组织效率、效益，支持、促进组织不断进步发展的主要途径。可以说，天下没有不需要进行沟通的组织。没有沟通，就不可能形成组织和人类社会。家庭、企业、国家都是十分典型的人类组织形态。人类在社会组织如企业中要实施管理，必须通过沟通，沟通是管理的核心和本质。通过探讨一般沟通的定义、过程及其重要因素，我们了解到沟通并不是一个永远有效的过程。要达成有效的沟通，人们必须遵守一定的原理，只有遵循这些基本原理，人们想要传递的信息才能顺利传达出去。

美国著名的公共关系专家特立普和森特在他们合著的被誉为"公关圣经"的著作《有效的公共关系》中提出了有效沟通的"七C原则"。

① Credibility：可信赖性，即建立对传播者的信赖。

② Context：一致性（又译为情境架构），指传播须与环境（物质的、社会的、心理的环境等）相协调。

③ Content：内容的可接受性，指传播内容须与受众有关，必须能激起他们的兴趣，满足他们的需要。

④ Clarity：表达的明确性，指信息的组织形式应该简洁明了，易于公众接受。

⑤ Channels：渠道的多样性，指应该有针对性地运用传播媒介达到向目标公众传播信息的目的。

⑥ Continuity and consistency：持续性与连贯性，这就是说沟通是一个没有终点的过程，要达到渗透的目的，就必须对信息进行重复，但又须在重复中不断补充新的内容，这一过程应该持续地坚持下去。

⑦ Capability of audience：受众能力的差异性，这是说沟通必须考虑沟通对象能力的差异（包括注意能力、理解能力、接受能力和行为能力），只有采取不同方法实施传播才能使传播易为受众理解和接受。

上述"七C原则"基本涵盖了沟通的主要环节，涉及传播学中的控制分析、内容分析、媒介分析、受众分析、效果分析、反馈分析等主要内容，极具价值。这些有效沟通的基本原则对人际沟通来说同样具有不可忽视的指导意义。总体上它可分为如下十条原则。

1. 有效沟通的真实性原理

有效沟通的真实性原理，即有效沟通必须是对有意义的信息进行传递。没有真正有意义的信息需要传递，哪怕整个沟通的过程很完整，沟通也会因为没有任何实质内容而失去其价值和意义。从经济学角度来讲，无效沟通是对沟通资源，包括时间和精力、渠道、金钱上的一种浪费，不仅沟通本身毫无意义与价值，有时甚至还会产生负效益，即沟通成本大于沟通的产出。一个良好的沟通过程必须要有富有意义的信息需要沟通，这是沟通能够存在、成立和有效的根本与首要前提。即有效沟通的内容必须具有真实意义，沟通内容与过程必须具有真实性，沟通的信息必须至少对其中一方有用和有价值。

2. 有效沟通的渠道适当性原理

有效沟通必须将有意义的信息通过适当和必要的沟通渠道，由一个主体送达至另一个主体，这就是有效沟通的渠道适当性原理。有了真实的信息需要沟通，也有一些渠道或通路可以将信息传送给信息接受者，并不就能完全保证沟通的有效性，为什么呢？因为不同的信息对于传递渠道的选择有要求。真实的信息选择了不恰当的渠道进行传递，就会产生信息误读等问题，导致沟通受挫或受阻，有时甚至产生沟通灾难。如上级对下级表示友好的方式就因人、因场合而异，如果方式选择错误，则可能引起沟通问题。

3. 有效沟通的沟通主体共时性原理

有效沟通的第三条原理是，有意义、真实的信息必须由适当的主体发出，并通过适当的渠道传递给适当的另一主体，此原理可称为有效沟通的沟通主体共同适当性或共时性原理。人们要想达成有效的沟通，信息的发出者和接受者都应该是而且必须同时恰好是应该发出和应该接受信息的沟通主体，发送者和接受者的主体适当或共时性这两者缺一不可。

例如，信息虽由适当的主体发出，但接受者不对；或者接受者对了，但发出者身份或地位不适当，都会导致沟通失败。只有意义的信息从适当的主体发出，并准确地传送给了适当的主体且其及时接受，沟通才可能是有效的。

4. 有效沟通的信息传递完整性原理

有效沟通必须由适当的主体发出，并通过适当的渠道，完整无缺地传送给适当的主体接受，此为有效沟通的信息传递完整性原理。信息由适当的主体发出，通过适当的渠道传递，并且也由适当的主体接受了，沟通是否就一定能保证有效完成呢？不一定。这是因为，由于各种原因的影响和各种因素的干扰，被传递的信息有可能在被传递过程当中，人为或自然地损耗或变形。如果这种情况发生，那么，接受者接收到的信息就已经不是发出者所发出的严格意义上的同一信息。既然已经不是同一信息，那么就有可能发生沟通失误或误解信息等问题。因此，沟通要完美和有效，信息在传递结束时必须仍然保持其内容的完整性。

5. 有效沟通的代码相同性原理

有效沟通的第五条原理是，所有信息发出者和信息接受者在传递真实信息时，必须使用相同的信息代码系统，即信息在发出者那是以何种代码被编码的，在接受者那也必须以相同的代码系统对接收到的信息代码进行解码。如果双方所使用的信息代码系统完全不同或存在较大差异，就会导致接受者对信息的解读无法实现，也就是会导致沟通失败。

人们常说，我在说 A，而你却在说 B。一旦类似情况出现，沟通的过程在形式上是完成与完整了，但实际上没有形成有效的信息传递，解码过程出现了断裂，真正有效的沟通没有发生。

6. 有效沟通的时间性原理

有效沟通的第六条原理是及时性或者说是沟通过程的时间性原理。任何沟通都是有时间限制的，整个沟通的过程必须在沟通发生的有效期内完成，否则，也会失去沟通的意义。如新闻报道就是典型的案例。在战争中，特务或间谍的信息传递和有效沟通的及时性尤其触目惊心。

7. 有效沟通的理解同一性原理

有效沟通的第七条原理是，在上述所有原理都满足的条件下，信息接受者必须真正了解或理解信息发出者所发出信息的真正意义，笔者称之为有效沟通的理解同一性原理。

是否沟通过程的解码等过程均无差错，就能确保信息的真正意义被接受者理解呢？也不一定。每一个接受者都是独特的个体，他的经历、经验、知识、兴趣、希望都会左右他对所解读的信息的内在意义的理解，理解一旦产生偏差，沟通的有效性就会产生问题。

8. 有效沟通的连续性原理

有效沟通还必须具有时间和沟通内容与方式上的连续性，即有效沟通的连续性原理。

这是说沟通主体之间要达成有效的沟通，人们必须考虑相互之间沟通的历史情形,这是因为人类都是依据自己的经验、情绪和期望对各种情形做出反应的。如果我们不了解沟通对象的过去,就无法准确地预测他现在或将来的行为,而这种预测会明显影响我们与沟通对象在当下的沟通行为。人们对沟通对象的了解越多越深,人们就越容易找到有效沟通的切入点和恰当方式与途径。从沟通内容与方式上来讲,我们应该尽量不要改变双方均已熟悉的沟通内容和方式,保持一定的连续性,这有利于沟通对象快速准确地理解要沟通的内容的内涵。

9. 有效沟通的目标性原理

有效沟通自然也应该具有明确的沟通目的或目标,即有效沟通的目标性原理。一方面,没有沟通目标的沟通是很难把握与衡量其沟通效果是否与沟通的本意相偏离的。沟通目标、目的不明确必将造成信息发送者所发的信息混乱、模糊、含糊不清,接受者只能靠经验和场景猜测对方的用意,从而极易导致沟通失败。另一方面,不同的沟通目标,一般会对应不同的沟通方式和沟通行为。如果你想得到你同事的支持,你就会特别注意拉近你们之间的距离,但如果你不想他再上你这来给你增添额外的工作,你可能会想方设法减少友好关系的成分。而这些不同的目的、目标当然会影响沟通的行为与效果。

10. 有效沟通的噪声最小化原理

有效沟通的最后一条原理是影响有效沟通的重要因素之一——必须尽量减少客观存在于信息沟通过程中的沟通噪声,即有效沟通的噪声最小化原理。事实上,无论人们做出多大的努力,噪声总是难以消除殆尽。但这并不意味着我们就无法降低噪声的分贝。跟一个歌唱家的歌唱一样,周围的噪声越低,歌唱家的歌声必然会越清晰,听众听到的歌声失真的可能性就越小。沟通中信息的传达是同一个道理。

(三)大学生如何提升有效沟通能力

1. 增强自信,提高自身修养,提升其内在的影响力

一些大学生常因沟通失败而苦恼,并对沟通产生怀疑,其实沟通本身并没有错,失败是因为缺乏某种力量。

要成功地说服他人,一方面,要自信,要有良好的心理素质。一般事业有成者,他们不会随波逐流或唯唯诺诺,其有自己的想法与做法,很少对别人吼叫、谩骂。成功者对自己非常了解,并且肯定自我,他们的共同点是自信。有自信的人常常是最会沟通的人。对大学生而言,无论是与人相处,还是处理问题,往往都比较理想主义,希望所有的事都能一帆风顺,一旦受挫就深感失望,

继而对自己产生怀疑甚至自我否定。大学生应保持积极的态度，不断提高自身的心理素质。人无完人，每个人都有自己的缺点。认清自我，勇于承认"真实的自我"，并将它展示在众人的面前，即老老实实地承认自己在别人心目中的形象。

心理学研究表明：人们并不喜欢一个各方面都十分完美的人，而恰恰是一个各方面都表现优秀而又有一些缺点的人最受欢迎。所以不用太在意自己的缺点，对这点要有足够的信心。而缺乏自信心，往往会有两种后果，其一是自卑，其二是过于自尊。自卑是一种唯恐被轻视和排斥的恐惧心理。这种心理限制了人与他人沟通的欲望，使人不能轻松地与他人交往，羞于在大庭广众之下表现自己。而自尊则是表面上看起来凡事漠不关心，但内心很脆弱，害怕被人瞧不起。于是便将自己裹上一层甲壳，不与外界接触，形成一种心理上的封闭状态。因此，缺乏自信心是一种严重的心理障碍，必须克服。具有高度的自信心，不仅可以直接增强自身的吸引力，还可以弥补自身某些方面的不足，增强整体的吸引力。

另一方面，要提高自身修养，以提升自身的道德修养和学识才能。人与人的沟通是思想、能力与知识及心理相互作用的结果，哪一方面的欠缺都会影响沟通的质量。

风度是长期培养的结果，是气质的自然流露，不是一朝一夕就能具备的，也不是模仿一个人的肢体动作或改变一下衣着习惯就可以拥有的。风度背后掩藏着一个人的道德修养、学识才能等。平时我们在学习过程中可以去学习一些如哲学、美学、人类学、社会学、心理学等学科的内容。如果大学生不断培养高尚而质朴的道德品质、丰富而健康的情感和坚韧不拔的意志；掌握更多的科学文化知识和本专业知识，形成良好的智力结构，那么他们就会自然而然地形成个人独特的魅力。

2. 学习沟通技巧，提高沟通效果

用"心"沟通，真诚待人。在沟通过程中，如果没有一个端正、良好的态度，那么沟通的效果肯定是不佳的。从心理学的角度来讲，每个人都希望别人能承认自己的价值、支持自己、接纳自己、喜欢自己。因此，在社会交往中，人们非常重视自己的自我表现，注意吸引别人的注意，希望别人能接纳自己、喜欢自己。对于真心接纳我们、喜欢我们的人，我们也更愿意同他沟通。所以大学生在沟通中要注意自己的态度，要以真诚的态度与他人沟通，做到用"心"去沟通。

提高自身的口头表达能力,勤于实践锻炼。言语是思想的衣裳,它能表现出一个人的品格。有些学生可能从没有想过与他人在一起时谈些什么好;也没有设想过必要时,自己带头谈起一个所有人都会感兴趣的话题。在平时的沟通交流中,一些学生感觉无话可谈或有想法但无法把它表达出来。因此我们一方面要提高自身人文修养,另一方面要重视口才表达技巧及相关基础理论的学习。例如,平时可以看些有关公关口才学、演讲学等的书籍。当然,要真正获得认可,勤于实践锻炼是关键的一环。在理论指导下进行严格、刻苦的训练和长期的口语实践锻炼,才是掌握口语表达技能、提高口才水平的正确道路。

3. 把握交谈的技巧,学会有效地倾听

要提高倾听的技能,可以从以下几方面去努力。详情见表4-2-1。

表4-2-1 "听"的艺术

要:	不要:
表现出兴趣	争辩
全神贯注	打断
该沉默时必须沉默	从事与谈话无关的活动
选择安静的地方	过快地或提前做出判断
留适当的时间用于辩论	草率地给出结论
注意非语言暗示	让别人的情绪直接影响你
当你没有听清楚时,请以疑问的方式重复一遍	
当你发觉有遗漏时,直截了当地问	

(1)要理解对方

听的过程中一定要注意,站在对方的角度去想问题,而不是去评论对方。有些学生容易犯的错误是,还没有听完对方的话就想当然地根据自己的理解打断对方,与其进行争论。这种行为是不礼貌的,极易引起他人的反感,造成矛盾。

(2)及时用动作和表情给予回应

沟通时看着别人的眼睛而不是前额或肩膀,这表明你很看重他。这样做能使听者深感满意,也能防止他走神。在保持目光交流的同时,适当地点头示意,要面带微笑,表示认同和鼓励,表现出有倾听的兴趣,最好别做不相关的事情。

(3)采取积极的行动

积极的行动包括前面所说的点头,在听的过程中,身体略微地前倾而不是后仰,自然开放性的姿态代表着接受、容纳、兴趣和信任。这种姿势意味着你愿意去听、努力在听,对方也会把更多的信息发送给你。切勿像有些学生一样,沟通时习惯性地交叉双臂,这是一种防卫姿势,持这一姿势者大多保留了态度。

跷起二郎腿容易让人误以为不耐烦、抗拒或高傲。

（4）适时适度地提问以准确理解对方发布的全部信息

倾听的目的是理解对方发布的全部信息。在倾听过程中，恰当地提出问题往往有助于人与人之间的沟通。如果在沟通中没有听清楚、没有理解对方的意思，这时你应该及时告诉对方，请对方重复或者解释，这往往也是我们在倾听过程中容易忽略的地方。在倾听过程中，我们始终要做到耐心、虚心、会心，以取得良好的沟通效果。

（四）有效沟通的十大技巧

①以开放式的话语问问题。例如，关于这个，你还有什么可以告诉我的呢？你觉得什么是最大的问题呢？还有什么更重要的事情呢？有没有从另一个角度去观察呢？××的反应会是怎样的呢？你觉得，以××的能力可以负责些什么呢？

②发问明确，针对事情。例如，事件究竟是如何发生的？谁需要负责呢？在什么时候发生的呢？怎样发生的呢？当时的情况是怎样的？最后的结果是什么？

③显示出关心，及时了解对手的感受。你感到不开心，是吗？我可以理解你的感受，我可以理解这些事使你十分担心。我已经清楚为何你如此沮丧了。我可以体会你当时伤心的程度。

④促使对方说得更清楚、更明白。例如，你可否告诉我这件事的来龙去脉？为了让我更容易了解，请你用另一种方式告诉我，好吗？这是不是关于……

⑤专心聆听。例如，点头回应：嗯、好、哦、唔。

⑥倘若你真做错了，要大方坦白地承认。例如，这一点是我错了，我没弄清楚。你是对的，我了解我的错误之处。这样说是有道理的，我应该……

⑦预留余地，具有弹性，别逼到死角。例如，或许，我们可以试试别的办法。这是否是唯一的方法呢？倘若采用别的途径又如何呢？我们可否从这个角度来看？下一次，我们可否采用……

⑧寻找真相。例如，这消息来自哪里？这些数据正确吗？我们有没有征询××的意见/忠告？我看过另外一些详细的资料，在……我想，还需要做一个新的调查。我们可否信赖这份资料，这些都是最新的资料吗？

⑨用慈爱式关怀语气引导，表示关心。没错！这的确令人气愤，让我们来想想办法。没错！真是让人气愤，但我（们）可以……你有足够的理由对这件事不关心，不过，从另一个角度来看……

⑩融合不同形式的对话语气，使其合为一体。例如，我们已详细讨论过所有的方法，始终觉得这是最好的，或许我们不必急躁地立即做决定，大家分头思考一下，改天再议可能对我们更有利。

第三节 认知职场竞争力

一、个人竞争力解析

（一）竞争

竞争是个体或群体间力图胜过或压倒对方的心理需要和行为活动，即每个参与者不惜牺牲他人利益，最大限度地获得个人利益的行为，目的在于追求富有吸引力的目标，竞争是个人或群体的各方力求胜过对方的对抗性行为。因此，其积极作用是能使人振奋精神、奋发进取，促进社会进步，提高劳动生产率；其消极作用是挫伤双方的积极性，使有限的资源难以发挥最佳效益，造成个体间或群体间的不团结，不利于人际关系的建立与发展。因为一方成功意味着另一方就要失败，可以说，个人或群体的竞争机会越多，则成功和失败的机会也越多。

在社会生活中，竞争往往通过竞赛的形式表现出来，如球赛、卫生评比、数学竞赛等。其实，许多社会现象实质上也是另一种形式的竞争。政治、经济、军事、教育、文化和卫生等现象，无一例外。随着改革开放的不断深入，在走向"市场"的道路上，竞争是一种极为重要的发展机制。

（二）个人竞争力

个人竞争力是个人的社会适应和社会生存能力，以及个人的创造能力和发展能力，是个人能否在社会中安身立命的根本。就个人而言，通俗地说，就是这个人有什么发展的资本，如工作能力，以及由包括个人工作能力在内的各种综合要素组合形成的特定个体的特别概念被社会所认同的情况等。个人竞争力的各种构成要素一般仅限于通过个人的努力以及个人的自我修养而形成的竞争能力，而不包括非个人因素形成的竞争力，如完全是因他人而获得的机会，或是上一代留下来的财产，等等。

个人竞争力的差异取决于个人的素养、能力的差异性，同时也受市场、文化和体制等多方因素的影响。在优胜劣汰的竞争法则下，竞争力弱的员工最终将被逐出市场，丧失生存的空间。决定个人竞争力的因素可分为三大类：素养、能力和环境。个人竞争力是一个既包括素养，也包括能力，还包括环境的综合体，三者缺一不可。素养的高低影响着能力的强弱；没有能力，聚集的个人素养就不可能有效地转化为竞争力；一旦离开赖以生存的环境，再高的素养，再强的能力也都毫无用武之地。个人竞争力是素养、能力、环境三大因素相互作用的结果。

个人竞争力是有层次的，大致来说，可分为以下三个层次。

1. 基础层

基础层是构成个人竞争力的基础，是个人参与竞争的根本条件。在市场体制下，虽然不同的工作对人的要求各不相同，但是有一些竞争力是最基本的，是从事任何工作都必须具备的，如责任心、吃苦精神、表达能力、勤奋精神、承受力等。每个人只有拥有这些基础竞争力，才具备竞争的资格。

2. 中间层

中间层是个人获取竞争优势的来源，如果具备这方面的力量，你将会获得较大的竞争优势。中间层主要包括三个方面：预测力、诊断力、道德感。

3. 高层

高层的竞争力能够降低竞争的激励程度。如果拥有高层的竞争力，你将获得绝对的竞争优势，而这其中个人信用、移情力（认识他人，与他人结成伙伴的能力）和创造力更为重要。

在上述个人竞争力的层次中，基础层是止阻力，中间层是提升力，而高层则是超越力，要想提升一个人的竞争力，就应该从低到高，逐步培养。

（三）个人核心竞争力

个人的核心竞争力，即个人相较于竞争对手而言所具备的竞争优势。个人的核心竞争力主要包括以下内容。

1. 学习能力

学习能力主要指一个人离开学校走进社会以后的继续学习能力，包括如何安排学习时间、采用什么学习方法、选择什么学习内容等，尤其是将所学知识应用于实际的能力。

2. 实践能力

实践能力就是动手能力、操作能力、干事能力,就是已布置任务的完成能力、已规划目标的实现能力,也就是俗话说的真功夫、真本事。

3. 创新能力

创新能力就是发现新问题、提出新问题、研究新问题、解决新问题的能力。

二、个人竞争力的培养

(一) 个人竞争意识的培养

我们正处在一个充满竞争与挑战的时代。世界各国经济、科技和综合国力的竞争,实质上是人才质量、人才素质的竞争。面对当前的严峻形势,大学生作为我国高素质人才的重要组成部分,其竞争意识的培养和提升尤为重要。丁肇中教授曾说:"竞争可以使人更快、更好地成长。"竞争是动力,它可作为推动个人进步的有力手段。另外,良好的竞争意识,可以最大限度地激发个人的主观能动性,催人奋进,提高学习效率和学习成绩,避免惰性产生。培养个人竞争意识,可以从以下几方面着手。

1. 善于抓住竞争机遇

要培养竞争意识,就要主动参与各种竞赛活动,培养积极参与竞争、敢于挑战自我的意识。要在竞争的过程中认识竞争、学会竞争,要勇敢面对竞争,并在活动中相互学习,同时获得良好的心理锻炼机会。

2. 选择合适的竞争参照

每个人的学习水平、思想水平以及能力水平都有差异,在竞争过程中,要在同一起跑线上启程并取得同样的效果是不现实的。那么,选择适合自己的竞争参照就显得尤为重要了。这包括两方面的内容。

(1) 在竞争前选择好合适的对手

所谓合适的对手是指竞争对手比自己的水平高,但差距不大。与合适的竞争对手竞争,成功的概率会倍增,避免了不必要的失败与挫折,学生的自信心会在不断的进步与成功中得以加强,这给竞争增添了许多积极因素。

(2) 可以选择某一方面进行比较

我们在竞赛中要选择某一方面与竞争对手比较,这对竞争意识的培养能起到积极的助推作用。

3. 培养不怕失败的心理品质

尽管竞争是公平、公正、公开的，但竞争的残酷性依然存在。优胜劣汰是竞争的必然结果。成功与失败，永远与竞争相伴随。竞争活动不仅能使竞争意识深入学生的心灵，培养竞争能力，还能使参与者得到各种心理体验与心理调整，特别是在经历了失败之后，心理承受力的锻炼与心理平衡的再调整对参与者至关重要。一个志在必得、永不服输的竞争者一定具备不怕失败、屡败屡战的顽强战斗精神，这种敢打敢拼、永不言败的心理品质的培养较之竞争能力的培养有着更为重大、更为深远的意义。

4. 树立正确的竞争观念

看一个人是不是合格的人才，不仅要看他的知识和能力水平，还要看他情商的高低，即看他是否有高尚的情操、崇高的理想，是否胸怀坦荡、光明磊落。一个知识渊博但道德沦丧的人是不值得任用的。因此，在竞争意识的培养过程中，要让大学生树立正确的竞争观念。

（1）理性地对待竞争

消除竞争中的嫉妒心理。竞争不是相互残杀，竞争是一种超越。要凭借自身的实力和努力，在相互尊重、相互信任、相互帮助的基础上进行竞争。别人进步了，成功了，要为之高兴；自己失利了，受挫了，要正确地面对。不应嫉妒他人，甚至采取卑劣的手段戕害他人，这是心理不健康的表现，应该予以彻底地消除。

（2）采取正当的竞争手段

要凭借自己实实在在的苦干赢得成功，不能靠投机取巧谋取私利。也就是说，竞争的手段要正当，要光明，要符合道德规范和法律法规。

（3）在合作的基础上竞争

竞争具有残酷性，但竞争并不是冷酷无情的，不是孤军奋战，竞争需要合作。在竞争的同时，要强化合作意识。许多集体项目的比赛都需要大家的真诚合作，没有合作，取得成功的机会就不大。即使一些个人之间的竞争，也需要人与人之间的相互帮助与合作。譬如，个人学习成绩竞赛，它不仅仅局限于考场上的竞赛，在平时的学习中，同学之间应相互帮助，取长补短，这就是合作。

5. 全面提升自身综合素养

这些综合素养包括道德文化素养、语言沟通能力、环境适应能力、组织领导能力、开拓进取的勇气和团队合作的精神等。当然，大学生综合素质的培养对在校大学生来说任重道远，需要坚持不懈地努力。

6. 在竞争中保持健康的心态

第一，既要始终保持不甘落后的进取精神，又要实事求是地对待自己，根据自己的实际情况，把近期目标和长远目标结合起来，脚踏实地，努力使理想成为现实。第二，在竞争中要冷静思考，审时度势，扬长避短，发挥自己的长处，挖掘自己的潜能，增加成功的机会。第三，有乐观的人生态度，既不好高骛远，又不妄自菲薄；既要有远大的目标和拼搏精神，又要有面对失败的勇气。

（二）个人竞争力分析的方法

"知己知彼，百战不殆。"每个人都有自己的特质，只有对自身的优、劣势认真剖析，挖掘潜力，在职场竞争中才能立于不败之地。

著名的管理学家彼得·德鲁克曾说："未来的历史学家会说，这个世纪最重要的不是技术或网络的革新，而是人类生存状况的重大改变，在这个世纪里，人们将拥有更多的选择，他们必须积极地管理自己。"大学生应认识到自我认识、自我规划、自我协调和自我控制等的重要性。大学生在踏出校门、走向社会前，应理性分析自身的竞争优势与不足之处，对自己有一个正确的认识——懂得经营，方能受益。这样才能做好职业生涯规划。那么如何进行个人竞争力的分析呢？我们可以利用SWOT分析法进行个人竞争力的分析。

SWOT分析法又称态势分析法，主要分析Strengths（优势）、Weaknesses（劣势）、Opportunities（机会）、Threats（挑战），然后加以综合评估，以制定未来的职业发展战略。表5-2-1是沈阳理工大学工商管理专业某学生利用SWOT分析法进行个人竞争力分析的实例。

表5-2-1　个人竞争力分析案例

S	W
（1）专业背景好，专业基础扎实； （2）有多次校外实习经历； （3）喜欢思考问题，有较强的分析能力； （4）做事认真、踏实，有责任心； （5）心思细腻，考虑问题比较细致； （6）逻辑性和条理性较好，有较强的文字功底； （7）生活态度比较积极，善于发现事物的积极面； （8）待人真诚，乐于与人交往、沟通	（1）工作、学习有些保守，缺乏冒险精神，创新能力有待提高； （2）竞争意识不强，对环境资源的利用不够； （3）口头表达有时过于细节化，不够简洁； （4）组织管理人员的能力和经验欠缺

续表

O	T
（1）入世以后，中国面临的国际化趋势给个人提供了更多的机会； （2）国家对教育行业越来越重视，重点培养专业的管理人才； （3）学校给学生提供了很好的学习、生活环境，为增强学生的实践能力和创新精神，学校经管学院开设了相关课程； （4）学校增加了双学位学生的招生量，学生除了学习本专业的知识之外，还可以学习其他专业知识； （5）工商管理专业应用范围广，为学生提供了较好的发展空间	（1）国际化进程对个人素质的要求更高； （2）全球经济下行，不少企业通过裁员来控制成本，毕业生就业压力增大； （3）随着二胎政策的全面放开，女性就业处于劣势； （4）我国高等教育从"精英教育"时代走向"大众化教育"时代，这导致大学毕业生人数倍增

三、构建个人竞争力的优势

"有德有才破格重用，有德无才培养使用，有才无德限制录用，无德无才，坚决不用。"这是企业家牛根生先生的著名观点。

要想在今后的发展中有立足之地，需不断提升自己，根据自身的特点，并结合社会发展趋势构建个人竞争力，其主要包括"三力和一素养"：学习能力、创新能力、发展能力、较高的职业素养。

（一）学习能力

学习能力是大学生毕业后在学习和工作过程中，在已有知识和技能的基础上，不断获取新知识并运用这些知识所表现出来的能力。学习能力包括：获取新知识的能力；发现问题、分析问题和解决问题的能力；收集、分析和利用信息的能力。学习能力是综合素养的体现，学习能力强的人更具有竞争力，更受用人单位的欢迎。

（二）创新能力

创新能力指大学生毕业后在工作中应用学科前沿知识，提出和创造某种新颖、独特的观点、方法和产品的能力。创新能力由创新意识、创新思维和创新技能三大要素构成。有了强烈的创新意识的引导，个体才可能产生强烈的创新动机，树立创新目标，充分发挥创新潜力和聪明才智，释放创新激情。创新思维是一种辩证思维，常常运用于人们的创新性活动过程之中，它也具有不同于其他思维的特征，突出表现在以下五个方面：积极的求异性、敏锐的观察力、创造性的想象、独特的知识结构、活跃的灵感。创新能力是大学生个人核心竞争力中最重要的部分,大学生创新能力的高低直接关系到用人单位的竞争力,用人单位非常重视大学生的创新能力。

(三) 发展能力

发展能力包括以下两种能力。一是人际交往能力,即妥善处理组织内外关系的能力,包括与周围环境建立广泛联系的能力,对外界信息的吸收、转化能力,以及正确处理不同关系的能力。二是协调能力,即决策过程中的协调沟通能力,包括人际关系协调能力和工作协调能力两个方面。具有好的协调能力的人能化解矛盾,聚分力为合力,变消极因素为积极因素。团队合作是一种为达到既定目标所显现出来的自愿合作和协同努力的精神。人际交往与协调能力同是团队合作的具体体现。个人的力量总是有限的,而团队合作可以调动团队成员的积极性,发挥集体的潜能,实现团队最优化组合。

(四) 较高的职业素养

职业素养包括勤奋、诚信、高度的责任感和适应能力。勤奋指努力干好每一件事情,不怕吃苦,踏实工作。诚信指社会行为主体的一种自发、自愿的行为。高度的责任感要求大学生有崇高的理想和健全的人格;勤奋学习,爱岗敬业;公正诚信、团结友善、关心集体。适应能力包括较高的自制力、抗挫折力和执行力。自制力指人们能够自觉地控制自己的情绪和行动。自制力主要表现在两个方面,一方面使自己在实际工作、学习中努力克服不利于自己的恐惧、犹豫、懒惰等心理和行为;另一方面应善于在实际行动中抑制冲动行为。执行力是选用合适的人用科学的方法去做正确的事的能力。大学生只有具有高度的责任感和适应能力才能得到用人单位的认可,同时只有具有较高的职业素养才能不断地增强自身的抗挫折能力,使自己具有更好的执行力。

四、提高个人竞争力的途径

(一) 制订目标

经过一番思考,为自己制订切实可行的目标,并做好个人职业规划,人只有有了目标,才会有努力奋斗的方向,才会有提高自己的动力。

(二) 选择环境

为自己选择一个合适的工作环境,人要往高处走,不能输在起跑线上,这样才能汲取更加宝贵的经验，不管是跨国性的大公司还是私企，你一定要找到适合自己的工作环境。

（三）加强学习

人需要不断地学习，一天有 24 小时，8 小时求生存（上班赚钱），8 小时休息（养精蓄锐），剩下的 8 小时就是求发展（自我提升），如何在有限的 8 小时内对自己进行充电，是提高自身竞争力的关键。21 世纪的"文盲"不是不识字的人，而是不学习和不愿学习的人。

（四）深入实践

充电以后，你需要大胆地进行实践，抓住一切实践机会。你会发现还有很多地方需要学习，通过不断学习和实践，个人的竞争力会自然而然地提高。这样就会有更多、更好的机会摆到你面前。有一句广告词是"JUST DO IT"，即现在就行动吧！

（五）端正态度

要使自己保持积极向上、乐观的态度，做一个热情洋溢的人。如果能够把每天都当作生命中的最后一天，你就会希望每一天都过得快快乐乐的。所以每天都要快乐地度过，这样一天一天串起来，就是一辈子的快乐了。

（六）提升情商

除了学习充电，掌握最精湛的专业技术以外，情商也是很重要的。因此，大学生要广结善缘，多交一些积极向上的朋友。

（七）为人正直

为人要正直诚实，要尊重他人，想要别人尊重你，首先应先尊重他人。要树立忠诚信念，要坚持原则，有责任心。

（八）加强沟通

21 世纪最缺的是什么，是人才！21 世纪最大的难题是什么，是沟通！如果人人都能够换位思考，能够进行有效的沟通，那么很多难题就能够迎刃而解。上下级之间如此，同事之间如此，朋友之间也是如此，家人之间更是如此。

（九）了解自己

要充分了解自己，进行长处管理，增强自己的自信心，相信自己是最棒的，不能总是拿自己的短处和别人的长处相比。

（十）团队合作

在当今竞争如此激烈的社会，大学生应具有团队精神。21世纪，在提高个人竞争力的同时，更需要提高团队的竞争力，一个团队的成功才算得上是真正的成功。

五、提高职场的核心竞争力

职场核心竞争力主要包括三个方面：一是准确的职业定位；二是综合能力与资源；三是超强的执行力。打造核心竞争力的目的是增强个人的竞争优势，让别人无法取代，使自己的职业生涯更加长远。一旦具备了强大的核心竞争力，当面对职场裁员风险和各种职业危机时，你就拥有了主动选择或"择良木而栖"的资本，而你的职业生涯也不会因为职业机会的改变和职业危机的发生而中断。

（一）准确的职业定位

一个人的职业生涯就像一棵大树，过多的旁枝很可能阻碍大树主干的生长，从而使大树失去足够的向上生长的能量。职业生涯也是如此，如果各种各样的兴趣、知识和证书反而削弱了本来的核心竞争力，会导致个人职业目标模糊不清，让别人产生"啥都想干，但没有特点，或没有一样能做到最好"的感觉。因此，要有准确的职业定位，不能被杂事打扰。

（二）优秀的综合能力

一般来说，职场人士的综合能力包括语言表达能力、信息处理能力、人际交往能力、组织管理能力、领导能力、公众演说能力等。其中还有资源问题，即个人所掌握的知识和信息总量，达到的学历水平，以及人脉存折，即个人所拥有的社会人际关系。资源越丰富，综合能力越强，个人的核心竞争力相应也将更加强大。

众所周知，HR主要从事的是与人打交道的工作，因此HR的综合能力及资源无疑是其工作能力中相当重要的组成部分。亲和力就如同一块大磁铁，能把优秀人才吸引到公司来。坦诚而让人信任的沟通就像冬日的暖茶，能留住真正的人才。快速地反应及变通就如同一个中央处理器，能够化解公司内部诸多纠纷和矛盾等。对于一名优秀的HR来说，出色的综合能力和资源是不可或缺的。身边的同事看似很平常，但真正的人脉资源往往是从公司内部开始积累的，因而拥有好的人际关系也是非常重要的。

众所周知，HR的工作如招聘、培训、考核等都离不开公司其他部门的支持和配合，需要利用各种资源，这需要 HR 应具备良好的组织协调能力，尤其是跨部门沟通能力，否则不仅会影响工作效率，还会影响 HR 在其他部门中的地位。可见，优秀的综合能力对 HR 来说至关重要，其他职位也是如此。

（三）超强的执行能力

正所谓"言必行，行必果"。让自己做一个时间管理的高手，想好了就立即行动，不错失良机，在最短时间内实施大量的有效行动，出色完成本职工作，主动分担同事的工作，及时解决困扰领导的问题，为公司创造最大的财富。

如果一个人对待任何工作都能够全力以赴，那么一旦让他从事自己最喜欢的职业，他的倍增效应将不可估量。

核心竞争能力是职业人士生存的利器，是体现个人商业价值的重要依据。无论你在哪家企业任职，也不管该企业是否知名，你都必须知道自己未来的发展方向和职业目标，并不断提升自己的综合能力，加强执行力的培养，这样才能成为在某个领域不可被他人替代的优秀精英。

第四节　敬业与务实精神

一、敬业

（一）敬业的内涵

敬业是一个人对自己所从事的工作及学习负责任的态度。职场中的敬业就是人们在某集体的工作及学习中，严格遵守职业道德的工作学习态度。

敬原是儒家哲学的一个基本范畴，孔子就主张人在一生中始终要勤奋、刻苦，为事业尽心尽力。他说过"执事敬""事思敬""修己以敬"等语。北宋程颐更进一步说："所谓敬者，主一之谓敬；所谓一者，无适之谓一。"可见，敬是指一种思想专一、不涣散的精神状态。

（二）敬业的基本要求

①热爱本职工作，忠于职守，持之以恒。
②有强烈的事业心，尽职尽责，全心全意为人民服务。
③有勤勉的工作态度，脚踏实地，无怨无悔。
④有旺盛的进取意识，不断创新，精益求精。

⑤有无私的奉献精神，公而忘私，忘我工作。
⑥立足岗位，开拓创新。

（三）敬业的层次

一个人能否做好一件事，有三个要素在起作用：一是肯不肯做；二是会不会做；三是做到什么程度。敬业所要求的恰恰是一个从业者对工作的态度：必须肯做、会做、做到最好。这实际上就是从业者职业态度的优劣、职业才能的高低、职业责任感的强弱问题，我们可以将敬业分为如下几个层次。

1. 为了谋生而敬业

为了谋生而敬业是第一个层次。从某种意义上说，这个层次的敬业是被动的，但它是高度敬业的基础，这主要是由职业的竞争性决定的。从业者意识到职业对于生存的意义和当代社会职业竞争机制的残酷，不得不珍惜已有的工作岗位，尽管这个工作岗位或许并不适合自己，在现实生活中，这个层次的从业者占据大多数。

2. 为了责任而敬业

为了责任而敬业是第二个层次。这种责任感首先表现为，对自己的责任，对家庭的责任，而后是对社会的责任。前者是自我责任，后者是社会责任。我们强调社会责任，这当然应该提倡，但是个人责任感强的人社会责任感也更强一些。因为从心理学的角度看，个人只有对他自己负责任，他才能对社会负责任。自我责任感支配下的敬业，虽然也有被动的成分，但主动的成分会更多一些。

3. 为了地位而敬业

为了地位而敬业是第三个层次。追求社会地位是从业者敬业的动力之一，虽然主观上是为了满足自我的需要，但客观上必须才干出色，能够为企业做出突出贡献。因此，企业也会采取措施来激励自己的员工，给予一定的地位、赋予更大的责任则是其中最常用的手段。

4. 因为兴趣而敬业

因为兴趣而敬业是第四个层次。从事自己喜欢的工作是一件非常快乐的事情。心理学家表明，兴趣激励下的工作状态是最佳状态，从业者不但更富有创造性，而且不计报酬自觉主动地工作，不知疲倦。所以，一些优秀的企业总是让员工在自己喜欢的岗位上从事自己喜欢的工作，再辅以合理的报酬，使员工敬业的程度可以发挥到极致。

二、敬业精神

（一）敬业精神的内涵

敬业精神是人们基于对一件事情、一种职业的热爱而产生的一种全身心投入的精神，是社会对人们工作态度的一种道德要求。它的核心是无私奉献意识。

古往今来，事业上有所成就者大凡离不开两条：一是强烈的事业心和责任感；二是锲而不舍的勤奋和努力。这两条的有机结合即敬业精神。孟子说："天将降大任于斯人也，必先苦其心智，劳其筋骨，饿其体肤，空乏其身，行拂乱其所为，所以动心忍性，曾益其所不能。"意思是干一番事业，必定要呕心沥血，意志坚强，甘于吃苦，勇于奉献，这样才能有所成就。用现代的话来讲，就是要有敬业精神。

具体地说，敬业精神就是在职业活动领域树立主人翁的责任感、事业心，追求崇高的职业理想；培养认真踏实、恪尽职守、精益求精的工作态度；力求干一行爱一行专一行，努力成为本行业的行家里手；摆脱单纯追求个人和小集团利益的狭隘眼界，具有积极向上的劳动态度和艰苦奋斗精神；保持高昂的工作热情和务实苦干精神；自觉抵制腐朽思想的侵蚀，以正确的人生观和价值观指导和调控职业行为。具体可概括为以下三个方面。

1. 勤业

勤业就是勤奋努力做好本职工作，这里面还包含着实干精神。古人云："业精于勤，荒于嬉。"还有"天道酬勤、勤能补拙"突出的都是一个"勤"字，讲的都是勤业的道理。勤业要做到以下几点。

（1）勤奋

勤奋是懒惰的反义词，是成功的基础之一，是中华民族的传统美德。文学家说勤奋是打开文学殿堂之门的一把钥匙，科学家说勤奋能使人聪明，而政治家说勤奋是实现理想的基石。世界上最宝贵的除了良好的心理素质，还有一个东西就是勤奋。学业的精深造诣来源于勤奋。勤就是珍惜时间，勤学习、勤思考、勤研究、勤实践。

（2）坚强

坚强的心是喜乐的，不会因为流言蜚语而感到悲伤，不会因为轻佻的溢美之词而喜不自胜。坚强的心是发自内心地热爱这个生命，不管世界给了这个生命多少挫折和带来了多少痛苦。这种喜悦也来自对信仰的坚持，对于信仰抱有坚定不移的态度，从而知道所经历的一切困苦其实都是暂时的。心灵的坚强可以给人以明确的方向和强劲的动力,给人以勇气、毅力和意志。一个对自身的信仰有着不可战胜的坚强信心的人,对自己内在的力量有着不可征服的信心的人,才会实现自己的梦想,从而走向成功。

(3) 吃苦耐劳

吃苦耐劳是指能过困苦的生活,也经得起劳累,它是一个人的基本素质和必备美德。无论是"故天将降大任于斯人也,必先苦其心志,饿其体肤,空乏其身,行拂乱其所为,所以动心忍性,曾益其所不能",还是"吃得苦中苦,方为人上人",抑或是"书山有路勤为径,学海无涯苦作舟",都歌颂了吃苦耐劳的精神。现阶段,吃苦耐劳也成为各行各业工作的必要条件,是敬业的基础和要求。脚下的路是由你的意志决定的。这种意志就是吃苦耐劳的精神,是你不断成长、成功成才的必要条件,也是你成长、成功、成才过程中不断累积起来的宝贵财富。

2. 精业

精业是指精通我们的专业,拥有过硬的本领,它通常是一个人在工作中能力的体现。古人云:"业精方可事成。"要有把握新常态、认识新常态、适应新常态、引领新常态的思想境界,坚守"抱定青山不放松"的责任感,入一行爱一行、爱一行精一行,开动脑筋,积极进取,善于创造,勇于创新,把工作做细,把事业做精,成为独当一面的行家里手,乃至行业里的精英。在"精业"方面,白求恩同志为我们树立了光辉典范。

3. 乐业

任何职业都是辛苦的,都是艰苦的,但"任何职业都是有趣味的,只要你肯继续做下去,趣味自然会发生"。乐业就是要求我们苦中作乐!孔子曰:"知之者不如好之者,好知者不如乐之者。"梁启超说过:"人生能从自己职业中领略出趣味,生活才有价值。"以乐业为美德,以乐业为职业操守,从内心里热爱自己所从事的职业、所履职的岗位,始终对党和人民保持一颗感恩的心,用忠诚去回报祖国,用奉献去报答组织,把心思用在工作上,把精力花在事业上,把干好工作当作最快乐的事,做到虽苦尤乐,乐在其中。

(二) 敬业精神的重要性

一份职业、一个工作岗位都是一个人赖以生存和发展的基础保障。同时,一个工作岗位的存在往往也是人类社会存在和发展的需要。所以,爱岗敬业不仅是个人生存和发展的需要,也是社会存在和发展的需要。

1. 敬业精神是一种奉献精神

对一个城市来说，没有人当市长是不行的；同样，如果没有人去扫地、清除垃圾也是不行的。想当市长的人多的是，想扫地的人肯定不多。但在一个城市里，市长只需要一人，清洁工人却需要几百人、几千人，甚至几万人。无论是心甘情愿的，还是不得已而为之的，只要是在自己既得的工作岗位上认真负责，尽心尽力，遵守职业道德，这就是一种奉献精神。在我们国家，如果大大小小的公务员、企事业单位职工、私营企业主、个体户都能够表现出这种奉献精神，人民就会更加富裕，国家就会更加强盛。

只有具有敬业精神的人，才会在自己的工作岗位上勤勤恳恳，不断地钻研学习，一丝不苟，精益求精，才有可能为社会、为国家做出崇高而伟大的奉献。焦裕禄、孔繁森、郑培民等一大批党和人民的好干部都在本职工作岗位上做到了呕心沥血、勤政为民；当疫情袭来时，一大批平时并不引人注目的医生、护士和科研人员挺身而出，冒着生命危险冲上第一线，拯救了一个个在死亡线上挣扎的生命，有人还为此献出了自己宝贵的生命。

敬业精神是平凡的奉献精神，因为它是每个人都可以做到的，而且应该具备的；敬业精神又是伟大的奉献精神，因为伟大出自平凡，没有平凡的爱岗敬业就没有伟大的奉献。

2. 敬业精神体现着时代对我们的要求

过去在计划经济体制下，我们每个人都要服从国家的分配，国家按计划把我们每个人安排到一定的工作岗位上，我们不论走上哪个工作岗位都要干一行，爱一行。

目前，在我国市场经济条件下，实行的是求职者与用人单位双向选择的就业方式，这种就业方式的好处就是能使更多的人从事自己所感兴趣的工作，用人单位也能挑选自己所需要的合适人选。在社会主义市场经济条件下，双向选择的就业方式为更好地发挥人的积极性创造了条件。这与"干一行，爱一行"并不矛盾。

首先，提倡敬业精神，热爱本职，并不是要求人们终身只能干"一"行，爱"一"行，也不排斥人的全面发展。它要求工作者通过本职活动，在一定程度上和范围内做到全面发展，不断增长知识，增长才干，努力成为多面手。我们不能把敬业片面地理解为绝对地、终身地只能从事某个职业。而是选定一行就应爱一行。合理的人才流动、双向选择可以增强人们优胜劣汰的人才竞争意识，促使大多数人更加自觉地忠于职守、爱岗敬业。实行双向选择，开展人才的合理流动，不但可以让用人单位有用人的自主权，可以择优录用，实现劳动力、生产资源的最佳配置，劳动者又可以根据社会的需要和个人的专业、特长、兴趣和爱好选择职业，真正做到人尽其才，充分发挥自身的积极性和创造性。这与我们所强调的敬业目的是一致的。

其次，求职者是不是具有敬业的精神，是用人单位挑选人才的一项非常重要的标准。用人单位往往录用那些具有爱岗敬业精神的人。因为只有那些"干一行，爱一行"的人，才能专心致志地搞好工作。如果只从兴趣出发，见异思迁，"干一行，厌一行"，不但自己的聪明才智得不到充分发挥，甚至会给企业带来损失。

最后，现实生活中能够找到理想职业的人必定是少数，对于多数人来说，必须面对现实，去从事社会所需要而自己内心不太愿意干的工作。在这种情况下，如果没有"干一行，爱一行"的精神，那么你就很难干好工作，很难做到敬业。

3. 敬业精神也是乐业的动力来源

每个人对自己的职业都有着不同的心理体验，如果一个人只是敬畏自己的职业，将自己的职业仅看作"干活挣钱"的行业，对自己的工作虽然尽职尽责，但心理上没有快乐可言，就会缺少激情和创造力。而乐业者能自立自强，将自己的工作视为事业，这样就不会把工作看成苦差事，甚至在条件艰苦时也能以苦为乐。同时，在工作中也会保持良好的工作态度，不畏惧困难和复杂的工作，勇于进取，甘于奉献。

（三）敬业精神的培养

敬业精神要求人们正确处理和职业所联系的"责、权、利"关系。人们如何看待自己所从事的职业和岗位，是否认同和追求岗位的社会价值，是敬业精神的核心。如果没有任何认同，就不会有尊重和忠实于职业的敬业精神，而认可程度不同，也会产生不同的敬业态度。因此，敬业精神首先应从树立职业理想入手，突出以下几个方面的内容。

1. 牢固树立职业理想

职业理想是敬业精神的思想基础。每位从业者都应把自己在职业岗位上的工作看成在为社会做贡献、为人民谋福利、为企业创信誉，看成社会、企业运转链条上的重要环节。只有这样才能树立起富有时代精神、健康向上的职业理想和目标，并以最顽强、最持久的职业追求把它落实在职业岗位上。

2. 准确设定岗位目标

高标准的岗位目标是干好本职工作。有了岗位目标，才能做到勤业精业，在本职工作岗位上创造性地开展工作。

3. 大力强化职业责任

遵守职业规则、承担职权范围内的责任，是职业责任的全部内涵。职业责任是主人翁意识的体现，作为企业的一员应视企业发展为己任，自觉承担并履行职业责任和义务。

4. 自觉遵守职业纪律

职业道德规范、企业的各项规章制度是职业纪律的内容，精心维护、规范执行是维护企业正常工作秩序的重要保证。

5. 不断优化职业作风

职业作风是敬业的外在表现。敬业的好坏决定着职业作风的优劣，而职业作风的优劣又直接影响着企业的信誉、形象和效益。从某种意义上讲，职业作风关系到企业的兴衰成败，关系到企业的生死存亡。优化职业作风，就要反对腐败和纠正行业不正之风，以职业道德规范职业行为。

6. 全面提高职业技能

企业内部要营造浓厚的学习氛围，促使职工不断掌握新技术、新工艺，不断增加技术业务能力的储备，不断更新知识结构，不断提高管理水平，成为本单位的业务骨干和技术尖兵，以过硬的职业技能实践敬业，为国家做贡献，为企业创效益、树信誉、争市场。

三、务实

务实源于认识上的清醒。历史上许多杰出人物都能保持认识上的清醒和思想上的独立，特别是在众口一词的环境中不人云亦云，在事业和人生得意时不忘乎所以，确保信念不灭、追求不止。

现在一些大学毕业生总是希望成名、发财，最好在一夜之间，只看到人家在台上得到了鲜花和掌声，却没有看到人家在台下付出的辛勤和汗水，缺乏脚踏实地的务实精神。罗马城不是一天建成的，成功的人生是务实工作与努力的结果。

（一）务实的含义

务实就是讲究实事求是。这是中国农耕文化较早形成的一种民族精神。王符的《潜夫论》说："大人不华，君子务实。"王守仁的《传习录》说："名与实对，务实之心重一分，则务名之心轻一分。"这些思想就是中国文化注重现实、崇尚实干精神的体现。它排斥虚妄，拒绝空想，鄙视华而不实，追求充实而有活力的人生，创造了中国古代社会灿烂的文明。务实精神作为传统美德，仍在我们当代生活中熠熠生辉。

踏踏实实地做好自己的本职工作，既是组织能够超能力运转的必要条件，也是自己工作的需要。"千里之行，始于足下。"任何的丰功伟业都必须从脚踏实地做起，都必须从小事一步步地做起。只有从手上的具体工作开始，先踏踏实实地做好自己的本职工作，才能为以后的发展做好铺垫。

（二）务实的意义

务实是一种传统美德，务实是成就一切事业的前提，是一种值得培养和必须培养的工作作风，现代企业的发展需要务实作风，务实有以下两个方面的意义。

一方面，从真实情况出发，看问题务实。有些职业有着重要的意义，而有些工作看上去并没有那么伟大。守卫边疆的解放军战士，他们的工作对我们国家的安全、人民的幸福生活有着重要的意义。而收费站的收费工作枯燥乏味，难道就没有意义了吗？客观地来看，每天上班收费，保障高速公路畅通，也是维持社会秩序的一部分，这就是工作的意义，承认这一点就是务实。

另一方面，做事情要务实，将所有细节都做好、做到位。人生的大部分时间都是在默默地做事情，没有观众，也不需要观众。演员在舞台上魅力四射，这建立在他本人多年的勤学苦练和多位幕后英雄的合作之上；赛车手驾驶着赛车角逐，多么不平凡，但一个螺丝钉足以使他折戟沉沙。很多事情到最后拼的是细节，务实、平淡是生活的本质，如果否定了务实和平淡，也就否定了生活。

四、塑造敬业务实形象的方法

敬业务实是全方位展示自我综合素质和能力的行为过程。某一个侧面、某一种表现都会从不同的角度反映出这一特质。具体说来，刚毕业工作的大学生，一般可以从以下几个方面来塑造自己敬业务实的形象。

（一）迅速进入状态

被录用者都是那些反应敏锐并可以马上进入角色，以主人翁身份处理所在环境中不协调因素的人。

当你决心应聘某个单位，有志成为其中的一员时，就应当立即进入状态，使自己的行为与其规范要求尽快地吻合，同时表现出一定的责任感，这样就能够加快对方对你认可的心理过程，使他们感受到你已经成为他们中的一员了。

（二）从点滴做起

择业并不难，难的是敬业。一个恪尽职守、忠诚敬业的人，必然能成就一番事业；否则，好高骛远，眼高手低，挑精拣瘦，把事业当成混饭吃的职业，最终将一事无成、平庸一生。

"一屋不扫何以扫天下？"一般认为这句话有三层含义：一是大事是由众多的小事积累而成的，忽略了小事就难成大事；二是由做小事开始，逐渐长才干、增智慧，日后才能成大事，而眼高手低者是永远做不成大事的；三是从做小事中见精神、得认可，正所谓"以小见大""见微知著"，只有赢得人们的信任，才能赢得干大事的机会。

（三）热情投入工作

人们因你心怀热忱而更喜欢你，而你也得逃离枯燥不变的机械式生活。把灵魂放入工作中，你不仅会发现每天中的每一小时都变得更加愉快了，而且会发现人们都相信你。

大家都喜欢那些乐观积极、主动工作的人，尤其是新员工。当你以热忱之心致力于工作时，哪怕是最乏味的工作，你也会干得兴致勃勃，从中体味出劳动、奉献的快乐。而有的人因嫌弃自己的工作，不愿干却又无可选择，不得不做时情绪低落、怨气冲天，即使不得已尽到了职责，人们也不会对其产生好感。作为领导，虽然看人主要是侧重于工作的结果，并以其结果进行客观公正的评价，但在感情上还是喜欢工作态度热情、积极的下属的。因此，假如你已经做上了并不喜欢的工作，在暂时不可能变更的情况下，就要努力改变认识和态度，使自己爱上这一行，并尽全力干好这一行。

（四）培养工作兴趣

在生活中我们都有过这样的体会，对一件事情具有浓厚的兴趣，就会集中全部注意力，全身心地投入进去。这时你的情绪高昂，身体各部分的机能都被充分地调动起来，思维敏捷、动作灵活、灵感激增。所以说，兴趣是创造性思维产生必不可少的前提。

培养对工作的兴趣，我们才会从中感受到乐趣，才会富于创造性，把工作做得有声有色，才能够在群体中脱颖而出。

（五）富有责任感

责任感是敬业务实的伴生物，没有责任感的人是不会忘我投入、甘于奉献、任劳任怨的。责任感是个有着双重内涵的概念。一是指对自己负责，对自己应尽的职能、义务，对自己的成长、进步以及人际关系等负责，即对构成自我形象的综合要素负责。否则，就得不到大家的认可，就难以营造一个有利于自身发展的良好环境氛围。人们正是通过这一点来分析、权衡一个人能否在事业上有所作为的。二是指对工作、对他人、对社会负责，为人类的进步做出自己的贡献，成为所在工作单位不可或缺的一员。这两层含义各有侧重、相辅相成。对自己负责，才能有效规范自己的一切行为，包括对工作、对他人、对社会的行为；对工作、对他人、对社会负责，才能为社会所容纳，从而在公司赢得一定的地位。

事物的因果之间总是有着必然的联系。一个人的责任心和实干精神换来的是良好的工作业绩、领导的信赖和自身的成长与进步。

（六）乐于承担额外工作

任何一项工作都不会是完全按部就班进行的。比如，当社会需求发生改变时，有关行业部门就要加班加点工作，去增加这方面的供给。此外，很多工作都是呈起伏状态的，忙时团团转，闲时无事干。如果面临的是前者，就应当积极加班，不能怨声载道、唉声叹气。实际上，日常的表现不能代表什么，而关键时刻的行为才能见真相，人们也正是在这种时候去深入地识别一个人的。如果面临的是后者，在清闲一些的时候应主动帮助工作较忙的同事做一些力所能及的工作，这对于让人更快接受你，则不失为明智之举。

当你对他人、对公司多做一些奉献时，受益者会因此满怀感激之情，他通常会以加倍的付出对你进行回报，也会对你投来赞许的目光，并会在适宜的时候给你必要的协助。而优秀的领导更不会埋没你的功绩，时机一到，他会让你在更重要的岗位上发出更大的光和热。

第五章 大学生职业素养教育实例

第一节 无锡南洋职业技术学院的职业素养教育

一、学校简介

无锡南洋职业技术学院位于有中国民族工业摇篮美誉的国家历史文化名城——江苏省无锡市。学院由上海中锐控股集团投资举办，1998年6月经江苏省人民政府批准成立，是具有独立颁发学历文凭资格的全日制普通高等职业院校。

学院毗邻三国城、鼋头渚等国家著名5A级旅游风景区，占地约0.33平方千米，建筑总面积15万平方米，校舍依山而建，校园花木扶疏、鸟语花香，楼宇建筑掩映其间，相映成趣。学院建立了融专业教学、岗位培训、技能竞赛、技能鉴定、技术研发五大功能于一体的汽车实训中心、航空实训中心、建筑工程实训中心、移动互联网实训中心、会计商务实训中心、双语幼教实训中心等，建有多媒体教学中心、计算机信息中心、图书馆、标准草坪运动场、体育活动馆、健身房。建院以来，学院以准确的办学定位、贴近市场的办学理念、强烈的品牌意识、不断提升的教学质量、又好又快的发展态势，得到了社会各界的广泛认同，社会影响力逐步扩大。

（一）办学特色

学院坚持校企合作办学模式，寻求与行业、企业紧密对接的多方合作理念，致力于实现校企资源共享和双赢目标；以联合组建专业指导委员会、引进企业课程、聘请企业教师、共同指导毕业设计、建立校外实践基地等形式发挥行业、企业在应用型人才培养中的重要作用；先后与上海大众、上海通用、一汽奥迪、广汽本田、中锐地产、吉祥航空、彩晶光电等200余家企业建立了不同形式的合作关系，实现了校企合作培养人才。工学结合是提高职业教育质量的根本途径,近几年来,学院经过不断探索形成了专业与地方支柱产业对接,人才培养规格与用人单位需求对接,课程与岗位工作任务对接,校企合作贯穿人才培养全过程的"三对接一贯穿"工学结合人才培养模式。校园文化创建活动蓬勃开展,学生管理严格有序,形成了良好的校风和学风,是"江苏省安全文明校园""江苏省高等学校和谐校园""江苏省文明单位"。

(二)院系设置

学院设有汽车工程与管理学院、建筑工程与艺术设计学院、国际学院、商学院、智能装备与信息工程学院、航空旅游学院及职业素质教学部,在校生5500余人。学院的组织机构见图5-1-1。依托长三角中心城市的区域经济优势,学院在专业及专业群的建设上与区域产业集群的发展同频共振,逐步形成了对接区域产业发展的汽车、建筑、航空、会计、机电、幼教等专业群。目前,学院拥有市级示范(重点)专业7个、市职业教育校企合作示范项目1项、市职业教育国际化重点项目2项,省级职业教育实训基地1个。

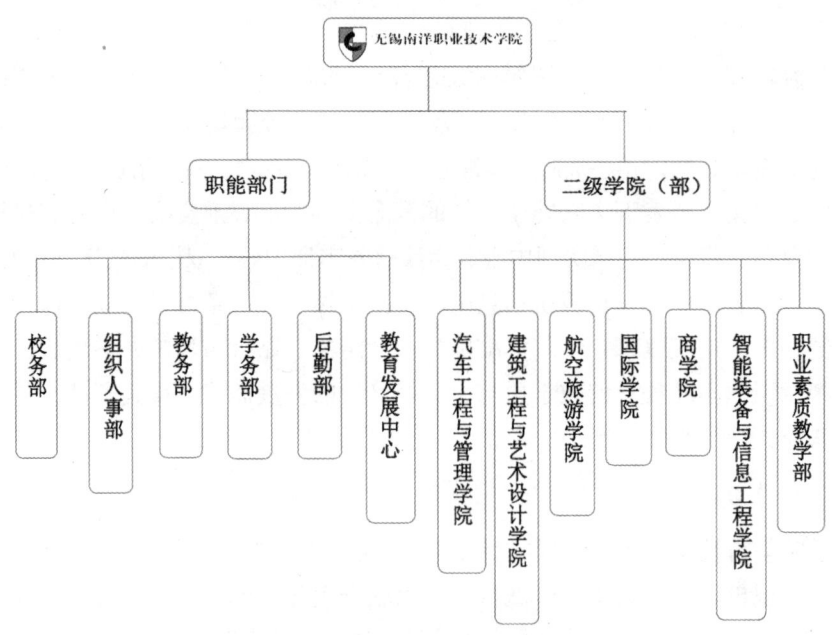

图5-1-1 无锡南洋职业技术学院组织机构图

目前，学院建有市级精品课程5门，荣获了"江苏省高等教育人才培养模式创新实验基地""高职院校学生职业技能竞赛体系创新实验基地"称号。

（三）人才培养

学院的人才培养方案按照"基础技能+专业技能+职业素养"的导向，构建了具有校本特色的专业课程体系。学院派遣专业教师下企业挂职锻炼，选派骨干教师出境出国学习，组织专任教师开展各级各类教学竞赛，广大教师的职业教育教学能力显著提升，有力地保证了人才培养质量的不断提高。

学院积极拓展办学空间，先后与澳大利亚、美国、爱尔兰、新加坡等国家的多所高校签订了合作办学协议，实施以"课程对接、学分互认、学制相连"为基础的本科教育；中澳合作项目曾被教育部列为中外合作办学全国调研样板项目。学院与国家示范性高职院校——苏州工业园区职业技术学院探索学生合作培养新模式，互派学生到对方的品牌专业学习，发挥双方院校优质教育资源的优势，在双向互动的交流合作中，增强自我发展实力。学院与台湾圣约翰科技大学等达成了学术交流协议，选派优秀学生赴台湾高校进行学分互认研修。学院构筑了本科教育平台，与南京大学、江南大学、南京理工大学、南京财经大学、南京艺术学院等本科院校合作，为学生提供专接本等进一步深造的途径。

（四）就业状况

学院始终是莘莘学子温馨的精神家园，不但关心学生的学业和技能的培养，更关注学生综合素质的养成。为了使毕业生获得可持续发展能力，学院以专业为载体，精心设计了"课程+活动"的院系两级职业素养铸造体系，毕业生就业率历年保持在98%以上，并且实现了高质量就业。

二、学院的职业素养教育实践

近年来，无锡南洋职业技术学院在深度开展校企合作工作的过程中切实体会到，向企业输送真正合格的能让企业满意的高技能人才，学生的职业素养问题是瓶颈。学生在职业技能方面是经得起检验的，但是在很多实例中，学生不能安心于顶岗实习，工作责任心欠缺，团队合作意识不强，没有吃苦耐劳的精神，反映了高等教育中存在职业素养教育不足的问题。对于很多在学校学业优秀的学生，企业反馈意见却与学生在校的学业情况不符，反思这些现象，该学院认识到，要想培养合格的准职业人，必须创新人才培养模式和评价标准，建立职业素养教育工作机制。由此，无锡南洋职业技术学院进行了多角度的全程式职业素养教育实践，做了一系列探索和研究，主要从以下四方面展开。

（一）学生主题活动与职业素养教育

无锡南洋职业技术学院在专业人才培养方案中设置了职业素养教育学分，设计了一系列职业素养教育主题活动。学生通过参加各类相关活动，填报"职业素养教育记录卡"，各学期末由考评小组进行学分认定。以汽车类专业为例，根据汽车行业工作特点，引进4S店晨会制度，每周固定一天，各班在上课之前的15分钟开展晨会活动，每次晨会由学生轮流担任店长或者维修班长职务，设计并主持晨会工作。通过这种主题活动，潜移默化地提升学生的职业素质。

（二）课程教学与职业素养教育

转变教师教育教学理念，课程教学紧密结合专业和职业特点，突破惯常的教学方法和评价标准，依据职业标准，构建教学方案，建立一种更全面、更有针对性的评价方式。在课程教学工作中，教师要树立"教书育人"的教学思想，教学过程牢牢把握"教书"——传授知识和训练技能，以及"育人"——培育高素养人才这两个教学目标，将职业技能的训练提高和职业素养的养成作为课程教学两条并行的主线，从教学内容、教学方法、考核方法等方面深化课程改革。

1. 在语文教学中培育职业情感

以语文课程为例，课程教学内容以"项目活动单"引导学生进行语言沟通与交流的训练，提升学生的语言表达能力。在完成基础训练的基础上，针对不同专业开展文化专题研究，例如，汽车文化专题、旅游文化专题、建筑文化专题、商业文化专题、文学专题、美学专题，将学生分成若干研究小组，在教师的指导下进行分工协作，完成资料采集、分析和处理工作，形成专题研究报告。最后，教师进行点评，以提高学生文化素养，启迪学生对所学专业领域深入了解，培育学生的职业情感。

2. 通过"两课"培育学生的职业道德与社会责任感

"两课"历来被学生从心理上排斥，无锡南洋职业技术学院"两课"教研组进行了大胆尝试：将课堂交给学生，教师结合教学内容和发生在我们周围的社会热点新闻，让学生以小组为单位提出社会实践主题，并展开调研与探讨，写出调研报告，或开展专题辩论会；教师进行总结和点评，引导学生对一些社会现象形成正确的认识，树立积极向上的处世态度和健康的人生观。这种学习形式能够激发年轻人思考问题的热情并提高他们辨别是非的能力，有利于培育学生的职业道德与社会责任感。

（三）第二课堂与职业素养教育

1. 职业技能与素养大赛体系

积极引导师生，开展第二课堂，以职业技能与素养大赛的形式拓展实训教学，并将评比结果作为奖学金评定依据，激发学生自主学习的积极性。对于职业技能与素养大赛，教师应根据不同专业的培养定位和职业核心能力需求，并结合未来岗位的典型工作任务，设定竞赛项目，制定竞赛方案和评分标准。例如，在"汽车检测与维修竞赛"中，竞赛的评分标准不仅仅包括准确熟练的检测和维修技能，也包括良好的工具使用与摆放习惯以及规范的着装等。通过建立职业技能与素养大赛体系，在学生中开展比赛，转变评价标准，并进一步转变师生教学理念，形成"重职业素养、重职业能力"的价值导向和评价标准。

2. 职业体验中心

美国的组织行为学教授大卫·库伯于20世纪80年代初提出了体验式学习理论。他认为，有效的学习应从体验开始，进而发表看法，然后进行反思，再通过总结形成理论，最后将理论应用于实践。该学院在该理论的指导下提出了在职业活动中加强职业素养教育的构想，创办了无锡南洋职业体验中心，为学生开展体验式学习提供了平台。以数字艺术系为例，动漫工作室、艺设工作室为学生提供了各类商业化市场项目，教师带领学生团队参与各类设计竞赛，使学生真正了解了行业运作规范和评价标准。职业实践活动，不仅深化了学生对所学知识的理解，也深化了学生对职业岗位的认识，提高了学生的职业认知，激发了学生的职业热情，增强了学生的职业情感，达到了在职业活动中加强职业素养教育的目的。

（四）顶岗实习与职业素养教育

职业素养是职业人在职业活动中表现出来的综合素质，脱离职业活动进行的职业素养教育，没有使学生获得真正的职业心理体验，是很难收到实效的。顶岗实习无疑是提升学生职业素养的最直接和最高效的环节，但在实际教学中，因为学生分散到了各个企业，离开了校园和教师，常常不能收到最好的效果。无锡南洋职业技术学院尝试在实习生较为集中的实习单位派驻专业教师，及时对学生在工作中遇到的问题进行解答和辅导，组织学生开展集体讨论，互相取长补短，共同进步。对于分布不集中的学生，保持定期到实习点巡查，建立教师与学生的有效沟通交流机制。通过对顶岗实习中学生普遍存在的问题进行分析可知，在实际工作中，学生普遍存在人际关系处理能力不足、工作态度不端正等问题,而不是职业技能不过关。

人们通过职业参与社会分工,利用专业知识和技能,为社会创造物质财富和精神财富,同时获取报酬作为物质生活来源,并实现自我价值,职业不仅关系到社会,也和个人生活息息相关。高职院校职业素养教育,从微观角度来讲,培养学生可持续发展的职业潜力,对高职生的未来发展和个人价值实现具有不可估量的作用;从宏观来讲,对一个社会的职业道德、人文素质、社会进步有着现实的意义。因此,在高职院校转变教育理念,使职业素养教育渗透于日常教学活动之中,去除职业教育工具化、功利化倾向,才能实现高职教育的人才培养目标,培养出高素质、高技能的合格人才,真正实现高等职业教育的价值理想。

第二节 淮海工学院的职业素养教育

一、学校简介

淮海工学院是省属公办普通本科院校,面向全国招生。学校位于沿海对外开放城市——江苏省连云港市,主校区坐落在著名的国家AAAA级名胜风景区花果山西麓。校园气候宜人,风景优美,是理想的学习和生活场所。2010年2月,国务院学位委员会批准淮海工学院为全国新增硕士学位授权立项建设单位。

学校目前占地1.5平方千米,固定资产总值1.28亿元,校舍面积54万多平方米。学校室内外运动场地总面积一万多平方米,拥有主运动场、第二运动场、主体育馆、龙舟训练馆、瑜伽训练馆、篮球场和网球场等体育设施。学校现有全日制普通高等教育在校生20000人,教职工1600人。学校现有940名专任教师,其中440人具有高级职称,716人具有博士和硕士学位,其中正高119人,博士183人。100多位教师被中国人民大学、中国科技大学等国内外高校聘为兼职教授、博士生导师和硕士生导师。

(一)办学特色

全校共有国家级和省级精品课程18门,校级精品课程200多门。"海洋科学与技术"成为全省唯一的海洋类优势学科,"机械工程""化学工程与技术"成功晋级省重点培育学科,"控制科学与工程""计算机科学与技术""测绘科学与技术"和"生物工程"被列为省重点建设学科。

（二）院系设置

全校设有18个院（部），现有58个全日制本科专业，覆盖经济学、法学、文学、理学、工学、农学、管理学和艺术学八大学科。

学校目前拥有"机械设计制造及其自动化""化学工程与工艺""水产养殖学"等3个国家级一类特色专业建设点，4个江苏省特色专业和6个省级特色专业建设点。

全校拥有各类教学实验仪器设备5万多台套，总值1.7亿元，其中单晶衍射仪、扫描电子显微镜、等离子发射光谱仪、数控车床等精密贵重仪器设备160台套，共建海洋考察船1条。

（三）人才培养

学校与美国、日本、德国、英国、加拿大、澳大利亚、新西兰、韩国等国的数十所高校保持友好往来；常年邀请外国文教专家来校讲学任教；每年选派优秀的中青年教师出国深造，参加国际学术交流活动。

（四）历史沿革

淮海工学院的前身——淮海大学，是江苏省委于1985年创办的一所普通本科院校。1986年9月1日，原国家教委在筹建淮海大学的基础上批准正式建立淮海工学院；1998年5月、2000年1月、2002年8月，均具有50年以上办学历史的江苏盐业学校、连云港水产学校和连云港化工高等专科学校先后并入淮海工学院。经历数年的建设、改革和发展，淮海工学院已成为我国东部沿海地区一所具有海洋特色的多科性大学。2013年8月，学校正式被国务院学位委员会批准为硕士学位授予单位；2016年3月，江苏省人民政府正式将依托淮海工学院建设江苏海洋大学列入江苏省"十三五"规划。

二、学院的职业素养教育实践

（一）理论基础

淮海工学院与其他院校不同，以积极心理学为基础开展职业素养教育。20世纪末于美国兴起的积极心理学掀起了心理学界的一场革命，它采用科学的原则和方法来研究幸福，倡导心理学的积极取向，以研究人类的积极心理品质、关注人类的健康幸福与和谐发展。与传统的消极心理学相比，积极心理学兼顾个人与社会两个层面，突出积极干预、积极预防，更加强调对人性价值和优点的研究。积极心理学在拓宽心理工作视野的同时丰富了学生工作视角。近年来，伴随积极心理学研究的深入而兴起的积极教育理念，突破了传统教育的狭隘，顺应了社会发展趋势。在此影响下，积极心理学与大学生思想政治教育的融合性得到了广泛论证。具体到大学生就创业指导具体实践中，"积极"一词作为积极心理学的核心理念，拓宽了高校学生职业素养提升的路径，为日趋严峻的大学生就业形势提供了积极应对的思维与方法。

（二）以积极心理学视角开展职业素养教育的合理性

1. 符合"办人民满意教育"的根本要求

党的十八大提出"努力办好人民满意的教育"，并把立德树人作为教育的根本任务。毫无疑问，主动探索提升大学生职业素养的路径并付诸实践，是贯彻党的教育方针，将立德树人作为根本任务的具体体现。一方面，新常态下高校在人才培养上主动应变，积极应对社会就业压力，缓解当前劳动力市场存在的供需矛盾，也是坚持教育为社会主义现代化建设服务、为人民服务的具体体现。另一方面，在专业知识传授的基础上适应学生个人发展需求，主动开发大学生综合能力培养的方法和体系，是新时期"培养德智体美劳全面发展的社会主义建设者和接班人"的必然要求。而以积极心理学为视角，突破消极心理学的局限，面向全体同学，倡导全员参与，让学生作为主体在学习和实践活动中主动发生变化，心理等方面得到成长，无疑更加符合人民的要求。

2. 切合高等教育供给侧改革的基本走向

高等教育改革，"供给侧"是关键。改革要取得成效，关键在于真正落实"以学生为本"，毕竟学生才是基本公共教育服务的最终体验者和消费者。以积极心理学的视角提升大学生职业素养，是落实高等教育供给侧改革的重要尝试，因为职业素养的提升既符合整个社会发展的需要，更符合学生的成长规律和认知习惯，而且以不断满足大学生的个性发展需要、不断提升学生的实际获得感为目的。所体现的是通过改革提高教育供给端的质量、效率和创新性。在此基础上的实践探索势必打破原有的学生能力培养和就创业帮扶体系，所尝试建立的新供给侧结构，则能为大学生提供更加丰富、多元的教育资源与教育服务模式。

3. 符合"积极教育"时代的基本理念

随着积极心理学研究的深入，积极教育这一新教育理念随之兴起。积极教育贯彻了积极心理学的"积极"理念，以学生固有的积极能力与积极品质为基础，以发展学生的乐观能力为核心，培养学生在个体层面与集体层面的积极品质，使其形成积极的人格特质。积极教育突破了传统教育的局限，将注意力从"解决问题"转移到"培养积极优势"上，使教育变得更平衡。

（三）淮海工学院职业素养教育的具体实施路径

在上述理论研究的基础上，淮海工学院进行了实践与创新。该学院积极适应应用技术人才培养要求，探索适应自身发展需要的应用技术人才职业能力与职业素养提升工程。

1. 总体思路

以积极心理学为指导，以职业素养提升为目标，以学生为本，围绕学生所需，探索"442"就业指导模式，通过"四化"（职业测评普及化、职业规划精细化、素质拓展常态化及就业指导多元化）、"四结合"（职业技能训练与专业竞赛活动结合、就创业指导与社会实践结合、综合能力培养与思想政治教育结合、就业帮扶与特殊关爱结合），从学生职业素养、职业技能"两个提升"着手，搭建应用技术人才职业能力提升平台。

2. 过程与方法

（1）强规划重发展，促进职业素养提升

一方面，坚持职业测评普及化。运用心理咨询、职业指导专业知识，开展职业价值观、兴趣能力测评，引导和帮助学生树立正确的就业观念、职业理想和职业目标。邀请校内外专家进行解读与辅导，帮助学生更加深入地了解自己的职业兴趣、职业能力倾向、职业特质与职业价值观，以便更好地确定自己的人生定位。

另一方面，坚持职业规划精细化。根据入校新生普遍面临的环境改变、目标分散、认知缺乏、意识淡薄等情况强化职业生涯规划指导，鼓励学生根据自我认知、职业认知、职业规划，明确个人职业发展策略与职业发展路径，制订行动方案与实施计划，并适时调整与完善职业规划。在此基础上开展职业生涯规划大赛，以提高学生的职业素养。

（2）强实践重应用，促进职业技能提升

①坚持素质拓展常态化。发挥"心灵驿站"与心理协会平台的作用，全面开展心理素质提升活动，提升大学生的领导、沟通、团队协作能力，以及就创业能力。同时，开展针对性团体辅导与减压活动，缓解学生的学习、考研、就业压力。

②坚持就业指导多元化。以"四结合"的形式促进大学生就业指导的全员化与多样化。探索"学训赛一体化"模式,与继续教育学院等单位合作举办职业技能大赛;邀请校内外专家、知名校友、行业专家开设创新创业论坛;支持和鼓励学生组建学习兴趣小组;加强校企合作,逐步形成产教融合、协同育人的应用技术人才培养体系。将就业指导融入社会实践活动中,指导学生开展就业情况调查等社会实践活动,并开展大学生创业调查专项社会实践,将实践调研结果融入就业指导课程体系,增强指导效果。依托学生社团、志愿者协会,深入开展学生志愿服务、社会主义核心价值观培育、优秀传统文化汲取、中国梦践行等相关活动,提高校园文化内涵,培养大学生的爱岗敬业精神与奉献精神,全面提高应用技术人才的职业操守。树立积极的精细化职业指导理念,在日常就业体系保障中坚持职业指导的全员化、全程化、系统化、制度化,突出专业化、规范化、个性化;进一步健全评价、激励机制,对生活困难学生、学业落后学生进行重点帮扶与指导。

第三节 公安院校的职业素养教育

教育具有基础性、战略性和先导性的重要地位,公安教育也不例外。

本节将以马克思主义认识论、建构主义学习理论和胜任力理论为指导,在不断明确警察职业素养概念的内涵与外延的基础上,找寻提升公安院校学生职业素养的新途径,以提升我国公安队伍的整体素质。

一、研究背景

从1997年党的十五大正式提出依法治国的理念,再到2014年10月召开的十八届四中全会要求全面推进依法治国,政法队伍的建设问题一直受到党中央的高度关注。十八届四中全会明确指出,必须大力提高法治工作队伍的思想素质、业务工作能力、职业道德水平,着力建设一支忠于党、忠于国家、忠于人民、忠于法律的法治工作队伍,为加快建设社会主义法治国家提供强有力的组织和人才保障。

一方面,为适应严峻的维稳形势,公安队伍应具备全面的实战技能和较高的职业素质。另一方面,全面的法治建设需要公安队伍具备更加专业的职业素养。依法治国基本方略要求依法治国、依法执政、依法行政共同推进,这同时对"法治公安"建设提出了更高的要求。公安队伍作为武装性质的国家治安行政力量和刑事司法力量，应具备更高层次的职业素养。

实践中，一方面，人民群众的法制意识、法制观念不断增强，对公平正义的期待不断提高。另一方面，公安队伍中还存在缺乏法治信仰、不善于运用法治思维和法治方式开展工作等现象。面对现实挑战，当务之急是全面提升公安队伍的职业素养和实战能力。

目前为了提高公安队伍的整体素质和战斗力，公安部提出要向科学技术和教育训练要警力的理念。孟建柱曾在全国教育训练工作会议上强调，要毫不动摇地把公安教育训练工作作为具有基础性、先导性、全局性的关键工作来抓，使其能为公安事业的长远发展提供强有力的支撑。公安教育训练任务除了要靠公安机关的相关教育训练部门来完成外，还有一个非常重要的力量就是分属不同层次的全国公安高等学校。包括公安大学在内的公安高等学校不仅为整个公安队伍的发展壮大输送了大批的公安人才，而且也已成为公安事业快速发展的"加速器""孵化器"。随着公安事业的不断发展，它更应该成为公安队伍正规化、专业化、职业化的训练基地。

但是，目前我国公安高等学校与公安事业大发展的要求还有些差距，甚至有些公安高等学校培养出来的学生"两不像"，不但掌握的知识面过于狭窄，而且掌握的知识不专，缺乏专业技能，使其在参加实际工作后后劲不足。其根本原因就在于公安院校培育出来的学生缺乏职业所需的综合素养。可见，公安教育亟待转变教育观念，应重视人才培养中警察职业素养的挖掘和提升。只有重视警察后备力量职业素养的培养，特别是使其在求学阶段就树立起浓厚的职业素养养成意识，养成良好的职业行为习惯，为适应复杂多变的警务工作打下坚实的知识、技能、品格基础，才能使公安教育真正成为不断提升公安队伍发展水平的推进器。

二、具体理论支撑

（一）马克思主义认识论

马克思主义认识论是辩证唯物主义的重要组成部分，也是马克思主义唯物辩证法在认识问题上的具体运用。马克思主义认识论是辩证法的具体运用，强调人的认识是一个不断深化的能动的辩证发展过程，人对世界的认识不是一次完成的，而是一个多次反复、无限深化的过程。马克思主义认识论正确地处理了实践与认识的关系问题。

①实践是认识的基础和来源，实践决定认识。实践产生了认识的需要，并

为认识提供了可能,使得认识得以产生和发展,并且实践是检验认识真理性的唯一标准。

②认识具有能动作用,认识反作用于实践。正确的认识能够指导实践,错误的认识则误导实践,对实践产生消极影响。

(二)建构主义学习理论

建构主义是关于"什么是学习"和"如何进行学习"的理论,建构主义指出,知识的获取不单单是通过教师的课堂传授,更重要的是学生在一定的环境背景下,协作互帮,在消化原有知识结构的前提下,通过意义构建获取对知识体系的新认识。

建构主义的认识论认为,课堂知识只是一种较为可靠的现实解释,并不是自我认知的绝对参照。作为教师,不能把知识作为死板教条强加给学生,不能用教师的角色权威去压服学生。建构主义学习理论强调学习的主动性和情境性,主动性意味着学生在知识的汲取过程中,要有所思、有所获,学习不仅仅是为了增长知识、开阔眼界,更重要的是提升自身素养。只有主动,才有自觉养成的可能,这才是建构主义所看重的;情境性预示着教学不能局限于课堂环境,教学内容和形式必须要根据学生建构意义的情境来具体创设。

建构主义的方法论提倡以教师为指导、以学生为中心的双主体学习模式,教师成为引导者,学生成为主动学习者而不是被灌输的对象。这种学习模式强调学生的认知主体地位,又重视教师的指导价值,教师是帮助者、促进者而不是知识的传授者与灌输者。

(三)胜任力理论

麦克利兰为美国国务院选拔高素质外交官设计了一套能识别出外交官实际职业行为所具备的优秀素养的模型。麦克利兰否定了与职位不相匹配的警察选拔模式,而通过职位需求导向来培养、测评优秀警察所应当具备的职业素质。胜任力是一个统合概念,对其概念的理解,不同学者有不同的提法,表5-3-1是比较典型的关于胜任力的定义。

表 5-3-1 胜任力的定义

学者/机构	胜任力定义
麦克利兰	与工作、工作绩效或生活中其他重要成果直接相似或相联系的知识、技能、能力、特质或动机,可区分卓越绩效者和一般绩效者

续表

学者/机构	胜任力定义
伍德拉夫、查尔夫斯	在某一情境下完成工作任务所必需的一系列行为模式，这些行为与高工作绩效有关，并且通过工作中的高绩效个体得以具体表现
弗莱什曼等	知识、技能、能力、动机、信仰、价值观和兴趣的混合体
曼斯菲尔德、格林	个体在工作中取得高绩效所需要的知识、技能、能力以及其他特征的组合
合益集团	个体表现出的、能带来优秀绩效的特征
王重鸣	促成高绩效的知识、技能、能力、价值观、个性、动机等特征
时勘、仲理峰	能把某职位中表现优异者和表现平平者区别开来的个体潜在的、较为持久的行为特征

从表5-3-1中我们得知胜任力的要素包括知识、技能、能力、信仰、价值观、兴趣、自我概念、态度、个性等，是区分职业中的优异者与平平者的方法。胜任力的内涵有两个层次，行为观和特质观，这表明胜任力不仅是一种高绩效的行为表现和行为模式，还是工作中表现出来的高绩效组合。针对胜任力的特质观，斯潘塞提出了图5-3-1所示的胜任力冰山模型，成为胜任力特质的理论基石。

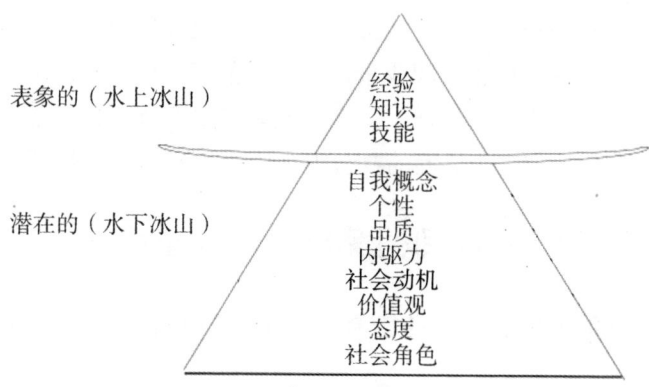

图 5-3-1　胜任力冰山模型

由图5-3-1能够看出，胜任力冰山模型分为水上冰山部分和水下冰山部分，水上冰山是表象的职业素养，如经验、知识和技能。水下冰山是潜在的职业素养，如自我概念、个性、品质、内驱力、社会动机、价值观、态度和社会角色。其中，知识、技能是执行工作所需的基准性胜任力,最容易通过教育培训加以改变,自我概念、个性、品质、内驱力、社会动机、价值观、态度和社会角色是鉴别性胜任力,短期内难以改变,属核心特质,通过长久培训可以改变,但需要员工自觉养成。

20 世纪 90 年代,普拉哈拉德和哈默尔提出了组织核心能力理论,将胜任力带入组织层面。组织核心能力的发挥必须和员工个体的胜任力相匹配。因此,产生了全新的胜任力分析视角,"人—职—组织"匹配衔接,个体能力的发挥需要组织岗位提供舞台。

胜任力 = 动作 + 情境。动作就是职业素养的具体表达,情境就是岗位职业角色。要想获得岗位上的胜任素质,不仅需要基准性职业素养和鉴别性职业素养,还必须有情境胜任素养,三者的立体结合才是个人行为特质和胜任力的全部。

通过以上对马克思主义认识论、建构主义学习理论、胜任力理论的深入理解,我们可以给警察职业素养概念以如下定义,即警察职业素养主要是指人民警察在党的领导下履行宪法和法律赋予的职责、齐心协力、快速处置突发事件,维护社会秩序,保障公安工作顺利进行的能力和水平。因此,社会对警察除了在自然素养如视力、听力、反应、力量、速度等方面有较高的要求外,其主要还要具备六个方面的基本能力,即坚决服从党的领导的能力,依法履行职责的能力,预防、制止、惩治违法犯罪行为的能力,良好的协同作战能力,快速的处置应变能力,较强的自我保护能力。由此可以更确切地说,警察是在高超的自然素养基础上,在凸显警察职业精神的职业伦理指导下,运用知识、技能等能力要素履行警察职责的。因此,警察职业素养绝非哪一种或哪几种,而是一个由知识、技能和伦理三个层面的要素组合构成的警察职业素养系统。

三、国内外公安院校职业素养教育的对比

(一)我国公安院校职业素养教育的历史沿革

1. 近代警务学堂的职业素养教育

清廷于 1901 年参照日本警务学堂创办了京师警务学堂,之后各省陆续增设地方警务学堂。

京师警务学堂的"学科"课程,主要教授警务基础知识。袁世凯创建的北洋巡警学堂的"必修科"课程,教授警察律例及法政知识,有国内法律法规以

及国际法。在"补习科"中有生理、地理、算学、国文、统计、日语等通用知识;京师警务学堂的"操科"与北洋巡警学堂的"操法"科,教授警体技能,例如马术、体操、武术,以及处理日常警务活动的非警务技能,如消防、卫生、勤务等。北洋巡警学堂的"补习"科中含修身、伦理、警察礼仪等课程,折射出清廷对警务人才伦理素质的培养目标。

清末警务教育坚持务实的原则,注重知识素养和技能素养的提升,尤其是法律知识的掌握,提升了警务人才的法律素养,提高了执法水平,通用知识课程的开设使毕业生的综合素质明显提高。这对于我国公安院校课程内容、学时的设置有参考价值,尤其清廷警务学堂对法律知识的重视,对执法规范化的重视,应当引起我们的关注。

2. 新中国成立至改革开放前公安院校的职业素养教育

新中国成立后,公安教育逐步正规化,主要分为两个时期:转轨时期(20世纪50年代)和调整时期(20世纪60年代初—"文革"时期)。转轨时期,以岗位在职教育为主,培训对象是在职领导和骨干,在职业素质培训上强调政治素养,为保卫国家政权,进行政治理论学习和业务知识培训。课程内容以政治教育为主,坚持政治挂帅,重视思想政治工作,树立无产阶级立场;学习公安保卫工作的路线、方针、政策,并开展以应用型治安业务为重点的技能素养训练。警务技能训练着重培养适应特殊历史时期特点的反特业务技能。各学校通过端正学生的立场和思想作风,提高他们的政治觉悟和思想水平,使其树立为人民服务的革命人生观和共产党必胜的坚定信念。

这一时期有独特的国际环境,所以强调公安队伍政治素养的重要性,保证了公安队伍的纯洁性和战斗力。所以,提升学生的政治意识、政治观念,对于保证公安队伍的纯洁性有积极作用。但不能因为过度强调政治性而忽略了知识、技能的培训。

3. 改革开放后公安院校的职业素养教育

十一届三中全会之后,公安教育得到发展,开始面向社会招生,公安教育工作步入正轨。此时确立了培养高层次应用型人才,以素质教育为基础,以能力为本位,以促进学生发展为核心的教育理念。在课程设置上,重视公安业务基础课与专业课,加强科技教育和文化教育,意在打造一支既有较高政治素养又有较高业务能力的红专兼备的公安队伍。1984年全国公安教育会议制定的公安教育体制通过开设公安管理课程、治安管理课程,以及刑事侦查和法律专业,实行多层次、多形式的办学。《关于吸收人民警察的规定(试行)》,明确提出人民警察的主要来源是公安院校的毕业生，这一法律规定保证了公安队伍素养培养的一贯性和任职需要性。

改革开放后公安院校的职业素养教育工作不断发展，知识、技能的培训工作全都有条不紊地开展，为国家输送了一大批政治坚定、业务扎实的公安人才，也为今后公安院校的职业素质教育提供了参考素材。

（二）外国公安院校的职业素养教育

他山之石，可以攻玉。下面将对英国、美国、韩国警察职业素养教育的理念、方法做一个梳理，以找到警务人才培养的参考经验，进一步提升我国公安院校学生的职业素养。

1.英国警察院校的职业素养教育

英国警察院校实行职业教育，有岗前培训、岗位培训和晋升培训三类。英国关于警察职业素质养成的教育被称为五星结构，由两部分组成。一是所有警察必须具备的素质，即五星的中间部分，包括时政认知、文化素养、职业伦理、职业心理、警务理论、体能和实战技能等方面，主要通过基础阶段的教育训练来完成。二是不同警种与不同层级的警察的素质培育，即五星的各个尖角部分，这是更高层次的素质，在具备了基本素质后，即可根据所从事的岗位和兴趣，选择不同的发展方向，如专攻侦查破案、网络安全、技术鉴定等。因其属于职业化教育，所以教育重点放在了专业警务技能的培训上，教学内容细致实用，贴近实战，培训内容针对性强，讲求"训为战，训必战"的原则。

这一五星结构值得我国公安院校学习，即在夯实基础知识的前提下，根据兴趣、爱好拓展学生各个方面的职业素养，使各种职业素质更深刻地铭刻在学生心中。

2.美国警察教育学院的职业素养教育

美国警察教育实行职业培训模式，实行联邦、州、县、市镇四级政府管理体制。美国没有专门的警察院校，大城市的警察局都有自己开办的警察培训学校。美国警察入职培训包括课堂培训和实战训练两部分，培训时长如表5-3-2所示。

表5-3-2　入职培训时长要求

平均培训时长的要求	课堂培训（小时）	实战训练（小时）
州治安警官	604	1678
州警官	881	443

续表

平均培训时长的要求	课堂培训（小时）	实战训练（小时）
县治安官	719	365
县警察	965	446
城市警察	883	575

在美国的警局培训中，技能课的实践学时占比七成以上，强调在模拟场景或真实的环境中进行警察教育和培训，以达到训练内容来源于实践，并应用于实战的目的。

纽约警局的培训包括武职新警和文职新警的培训。武职新警培训主要包括法律课程、体能与战术训练、驾驶训练等。加利福尼亚州警察培训机构要求所有警察每年必须接受24小时针对"易腐烂技能"（警察容易忘记的技能）的在职培训，主要包括武力的使用、沟通技巧等。

美国警察培训以问题为导向，强调成人是相对独立的学习者，认为掌握良好警务技能的关键是主动学习警务知识和警务技能。美国倡导"控制犯罪是一项只有警察负责的工作"的理念，把使命感和职业信念培养的重心放在打击犯罪方面，使理念信仰的培训更具有操作性和时效性。

警察局对新警的培训侧重于技能素质的培育，院校侧重于学术性和探讨性的教学，强调养成性教育，对法律行为方面、人际交往、伦理道德等尤为重视。尤其是加利福尼亚警察培训机构提出的"易腐烂技能"教学，我国可予以借鉴。

3. 韩国警察院校的职业素养教育

韩国警察教育由学历教育和在职民警培训组成。韩国警察系统内的学历教育由警察大学承担，学制4年，实行军事化管理和生活供给制度，所有的训练内容、方针，都由警察厅根据训练对象的实际需要而制定。下面以韩国警察大学为例，介绍韩国警察院校的学生培养概况。

韩国警察大学秉承"国家、正义、荣誉"的校训，分法律、行政学、犯罪搜查等专业，在校生不超过一千人，实行精英教育。四年5508个学时，有教养课、专业基础课、武道、射击、电脑、驾驶、游泳、擒拿、实习和人生教育等课程。韩国警察大学实行多层次学科教育，注重警察知识理论的讲解及体能技能的培养。在伦理道德素养上，注重自身修养，突出公平正义人格，在警务化管理中注重学生的自觉性修养，倡导建立学生的自治制度，重视提升学生的自律能力。

韩国警察教育培训模式同我国公安院校的职业素质培养有诸多相似之处，

大学生职业素养教育与提升

但也有很大的不同。其中，韩国集中课时学习警务技能的新颖办法，值得我国公安院校借鉴。

四、公安院校职业素养教育的现状

（一）公安院校职业素养教育存在的问题

1. 政治素养的培养流于形式

"讲政治、知敬畏、守规矩"是衡量政治素养的标准之一，公安院校作为公安复合型人才培养的主阵地，负有培养党和人民的忠诚卫士的使命。"政治建校、政治建警、从严治警"是公安院校区别于其他高等院校的显著特征。在公安院校的校园中，警徽高悬，用最显著的方式明确了公安院校政治办学的理念。悬挂于教学楼、餐厅、宿舍、操场的标语条幅催人奋进，展现出公安院校特有的纪律作风。各种警学场馆、纪念馆坐落于校园内，英雄模范的亲身经历激励着每一位学生，激励着他们维护警察荣誉。

2015年2月，习近平在中央党校省部级主要领导干部开班仪式上指出，党校姓党，首先要把党的旗帜亮出来，让党的旗帜在各级党校上空高高飘扬。因此，公安院校的政治属性表明对学生政治素养的强调再多也不为过。但是过犹不及，政治素养的教育也暴露出流俗倾向，难以渗透到学生灵魂中。公安院校为达到政治素养的培养效果，通过一系列外在纪律条例逼迫学生按照合格政治人才的标准进行自我管理，结果却流于形式，没有真正培养起预备警官所需的政治素养。

2. 知识素养的匹配程度低

当前公安院校学生在知识素养的养成上陷入了理论弱化、知识和实战相脱节、"学无所用"的尴尬境地，且知识素养的匹配程度低，这主要表现在以下几个方面。

（1）课程设置单一化

一方面，公安院校的人才培养以岗位需求为导向，课程为弹性设置。但现实需求往往具有短时性，当媒体曝出警察执法素养低时，公安院校立即调整课程设置，大量开设伦理、人文素养等相关课程，造成基础知识挤压其他职业知识的现象。而当媒体曝出警察难以胜任暴恐犯罪时，公安院校立即增加技能课程，以做到技能素养精细化，这又造成警务技能挤压知识素养的恶性循环。

另一方面，部分公安院校课程体系单一，知识面狭窄，局限于专业特色而无创新。因未能确立起融素质、专业、职业教育于一体的教学理念，脱离了警务实战的需求，学生职业素养的提升不明显，学生的警务素养和人文素养也没有得到合理的提升。

（2）课堂知识同质化

公安院校已经有了公安学和公安技术学两大一级学科，但分支学科众多，课程五花八门。一方面，各院校为突出自己在某一领域的领先地位，集中优势资源开设强势课程，因人设课现象严重；另一方面，院校为标榜自己的实力，低水平复制课堂知识，造成学科专业知识趋同化、同质化。盲目开设同类课程，既增加了办学成本，又浪费了教学资源。

3.技能与实战衔接不到位

公安院校的毕业生绝大部分都会走向基层执法单位，其所学技能也适用于一线执法执勤岗位。但从一线的反馈来看，情况并不乐观。接警出警后，民警制止违法犯罪行为时常面临"劝不住、追不上、打不赢"的尴尬局面。更有甚者，一些民警不会熟练运用警务动作和战术配合，不懂得打击敌人、保护自己，造成了不必要的流血和牺牲。公安民警的技能与实战衔接不到位，主要表现在以下三个方面。

（1）"不会用"警务技能

公安知识是应用型知识，公安人才是应用型人才，公安院校的学生必须学会运用实战技能。然而，公安院校学生所掌握的实战技能寥寥无几，实战效果一般。实战技能表现为体能和技法。体能即身体素养，加强体育锻炼，保持良好的身体素养是技能训练的基础保障。然而，处置警情时，跑不动、翻不过、跳不起的现象时有发生。技法即迎敌策略，也就是在遭受攻击时判断对方的攻击意图，运用技法化解并反击。但在现实技法教学上，套路化、僵硬化、形式化现象明显，表演性质多于实战性质，不能起到有效地迎敌对战的功效。

（2）"不敢用"警务技能

一方面，警务技能主要在临战状态下实施，情境的转化致使新警不敢用在院校所学的技能，因此慌了神，没主见，缩手缩脚，不敢"有所作为"。另一方面，全媒体时代使得人人都是麦克风，人人都是热点发布者。一旦警情处置引起骚动，民警必定"火"一把，不仅要面临通报批评，严重者还要面临停职调查，过多的顾虑导致新警"不敢用"警务技能。

（3）"瞎用乱用"警务技能

接处警情有两类：警务活动和非警务活动。有时，错用警务技能的情况令人无奈。一方面，犯罪现场发生推搡、群殴，场面已然失控，民警不是呼叫支援进行人员分离，而是一头扎入人群，与当事双方纠缠在一起，对场面的控制和处理失去主导权，使用了错误的警务技能策略。

另一方面，警务技能"大材小用"。本来可以通过劝说解决的却要使用约束性器械制服，本来通过警棍、警绳可以解决的却要使用手铐、脚镣，这无益于争端的解决，更易引发警民冲突。学生所掌握的是一锅"夹生饭"，并没有学会、学懂，其结果严重背离了警务技能培养的初衷。

4. 伦理价值素养虚空泛化

伦理价值素养是民警精神的"保健品"，更是履行警察职责的"催化剂"。光明磊落、疾恶如仇本应是人民警察伦理价值的应有之意，但落实在执法实践中，不自觉、不自重的现象充斥于媒体的报道当中。

（1）伦理价值素养教学的模糊性

一方面，课程安排中对伦理价值素养和政治素养没有明确区分。本应是伦理价值素养的课程，在教授上却倾向于政治素养培养，本应是政治素养的课程，在教学上却倾向于伦理价值素养培养，两者在课程教授上区分不明显。

另一方面，由于伦理价值素养教学的模糊性，在学生的观念中，伦理价值素养可有可无，在这种想法的笼罩下，伦理价值素养教学的互动性较低，发挥不了应有的作用。

（2）伦理价值的虚幻性

伦理价值是抽象的，要想将抽象的理论声情并茂地讲述给学生并达到满意的效果，绝非易事。

一方面，伦理价值知识理论性强，只有深入分析才能顿悟其内涵。然而，有些老师在对伦理价值知识掌握不透彻的情况下，就盲目开展教学，教学内容脱离警务实践，教学不接地气，自然也没有学生"捧场"。

另一方面，运用以英模事迹为代表的伦理价值素材，属于鲜明的实例授课方式，但有些老师不能汲取新鲜血液充实知识储备，机械停留在老生常谈的事迹上，虽可歌可泣，但反复提起，学生往往会产生厌烦心理。

（二）公安院校职业素养教育出现问题的原因

1. 教育理念没有形成长效机制

教育理念，是公安院校在教学实践及教育思维活动中形成的理性认识和主观要求，一旦形成，不可随意更改。然而，有些公安院校的教育理念出现了反复大改的情况，公安高等教育的办学理念并没有形成长效机制，原因主要在于以下三个方面。

（1）办学定位缺乏明确目标

公安院校办学搞教育必须明确人才培养目标，夯实人才培养根基。但是，当前部分公安院校在战略布局上违背了院校教育的初衷。首先，无视自身的办学层次和规模。其次，专业设置求同趋全。大部分省属公安院校本是依照本省公安人才需求而创办的，岗位需求引导院校专业课程的设置方向，但部分地方公安院校为了追求建立一流公安学府，纷纷升级办学规格，盲目扩办公安专业。仓促上马的专业不可能有效提升学生的职业素养。

（2）教学体制缺乏顶层设计

公安院校一直陷于专业与职业的两难纠结，对于实行全日制学历教育还是在职民警培训教育没有果断的定论。不同的培养模式对学生职业素养的提升有不同的影响，在职教育时间短，针对性强，对警务素养的提升效果显著，但在校时间短、工作任务重等因素，也使得在职民警的职业素养得不到深入的提升。学历教育时间长，全程跟进，对于学生职业素养的提升是综合性、持久性的，但其往往忽视特定职业素养的提升，使得毕业生刚入职时，所学素养不能胜任警务需求。

（3）招警政策缺乏长远规划

公安院校学生虽是预备警官，但要想进入公安队伍，仍需参加公安招警考试，同社会其他人员一同竞争公安岗位。为实现"育警"和"入警"两大任务，院校对学生职业素养的培训在"宽口径"和"强特色"上左右摇摆。一方面为了实现公安院校学生素质培养的综合性，院校通常实行宽口径的培养策略，以保证学生入警后能够胜任警察职业素养的要求。另一方面，为保证学生入警率，不得不加强符合公务员标准的基本知识的传授和训练，不得不暂时搁置公安职业素养的教育，这样一来，在公安职业素质培育上就体现不出公安院校的竞争优势和警学特色。"育警"和"入警"衔接不到位，使学生的职业素质养成缺乏持续性和渗透性。

2. 人才培养的轻重两端，拿捏不准

教育理念定位不明确，致使人才培养不能形成长久机制，公安院校对于人才培养的侧重点也就拿捏不准。

（1）重"理论"轻"实战"

首先，公安院校作为公安队伍的智力宝库，集聚了一大批学术型人才，公安院校凭借知识优势，在公安队伍中发挥出了警学支撑的桥头堡作用。但是，雄厚的理论基础使公安院校在职业素养教育中偏重理论而忽视实战，致使在岗民警具有高超的理论素养，但缺少警务实战技能。

其次，理论授课与实战教学相脱节，人才培养与实战需求不相适应。警务技能多采取课堂式教学和理论演示法，学生只能用眼睛看、用脑袋想，缺少实践操练。因而，实战技能相较于理论知识来说，学非所用现象突出。

最后，学生自身对理论与实战的把握不到位。从学生角色到警察角色的转变带来了极大的落差，对于刚迈入公安岗位的新警来说，实践型警务技能与理论知识的结合比较困难，致使所学警务技能不能胜任现实警情。

（2）重"专业"轻"通识"

一方面，各地公安院校都积攒精力发展强势专业，造成公安专业一头沉现象。专业愈强而通识愈弱，并影响了其他专业的发展。

另一方面，在思想层面上表现出重专业轻通识的现象。为突出警字招牌，凸显公安院校人才培养的特色，院校极力宣传"做大做强"公安专业，而对通识知识的关注度不高、扶持力度不大，在教学实践中这种趋势尤为明显，这必然导致价值观的缺失和道德操守的庸俗化。

（3）重"形式"轻"效果"

有些公安院校重视硬件而忽视软件、重视外延而忽视内涵，由此造成的教学短目，不利于学生职业素质的培养。一方面，在警务化管理制度上，在课程教学、日常作息和素养提升中按照一板一眼的程序进行，刻意营造出作风硬、守纪律的警界人才模样。但是，过度追求形式的整齐划一、令行禁止，警务化管理流于形式，反而达不到提升职业素养的目的。

另一方面，守纪律、懂规矩是课堂的纪律要求，教师课堂备课以讲授为主，"满堂灌"的教学方法无法吸引学生认真听课，互动教学欠缺，老师的教授与学生的吸收衔接不到位，单线灌输多于激烈争论，教授方法单一，缺乏感染力、吸引力，针对性、时效性也不强，学生的积极性受到了打压，进一步阻碍了学生职业素养的提升。

3. 自觉养成性教育缺失

职业素养的提升，一方面需要学校和教师的引导，另一方面需要学生的自觉。然而，公安院校在自觉养成性教育上存在缺失，主要表现在以下三个方面。

（1）警察意识养成的理念落后

公安教育肩负的使命不仅是传授知识与培养人才，更应以培养合格人民警察为己任。然而，公安院校在培养合格人民警察，提升学生职业素养的过程中束手束脚，不敢革新。一方面，教书育人理念落后。公安院校的特点，决定了公安院校要时刻将警察意识养成放在重中之重的地位，但不少公安院校盲目比肩一流综合大学，学习别人的人才培养理念，却忽视了"警察院校首要育警"的要求。

另一方面，学生的警察意识养成理念不足。警察职业意识是自觉养成的结果，军事化、警务化管理只是外因，在强化警察意识方面只起辅助作用，起决定性作用的还是内因，即学生自己。

（2）警察意识养成的方法失当

一方面，强迫色彩明显。公安院校比肩军事院校，在警察意识养成上模仿军事化训练，院校希望通过这种方法让学生养成警察意识，但是过度透支学生精力的方式，在警察意识养成的效果上可能事倍功半。

另一方面，训练方法老旧，与当代警察意识培养相脱节。凡提警察意识养成，无非是行为的规矩默化为内在的素养，对于警察意识的养成方法，院校只有警务化管理这一种方式，殊不知，拓展知识、课外实践都是警察意识养成的有效途径，而且其效果也是单一的警务化管理所难以达到的。

（3）警察意识养成的范式僵化

僵化了的警察意识养成弱化了学生的警察意识。很多人将警察意识养成等同于警务化管理，认为只要警务化管理到位了，学生的警察意识养成也就成熟了。但是，警务化管理不是简单的军事化管理，缺少人性关怀的警务化管理不利于警察意识的培养。

五、公安院校职业素养教育的体系构建

（一）创新公安院校职业素养教育的理念

公安教育通常强调其职业教育特色，因而在教育活动的各个环节更侧重于实战技法的培训与提升。但我们应该看到，职业教育并非就等于非学历教育，职业技能训练也是公安职业教育的应有之意，而高级且全面的素养培育才是公安职业教育的必然选择。公安院校的职业素养教育理念应将学历教育与技能训练放在同等重要的位置。以往不论是只强调公安特色的教育理念，还是以学历教育为主导的教育理念都已经不适应当前警察事业大发展的需要了，只有不断创新职业素养教育理念，才能为公安教育的持续发展不断地注入生机与活力。

1. 培养高素质、复合型的预备警官

马克思主义认为,"人的本质不是单个人所固有的抽象物,在其现实性上,它是一切社会关系的总和"。社会属性是人的本质属性。因此,让学生成长为具有社会适应能力、社会生存能力、扮演一定社会角色的能力的合格的社会人是国家、学校的共同追求;同时还要看到,在社会生活中警察扮演着双重角色,既是歹徒的"噩梦",也是群众的保护神。

具体而言,从社会管理角度看,警察常常面对的是一些突发事件或复杂案情,这就需要警察能在一种对抗状态下寻找到合适的平衡点,不仅要成为优秀的执法者,还要成为出色的社会工作者,既要懂方针政策、法律法规,又能在层出不穷、复杂多变的社会生活中发现问题,破解矛盾,成为群众的贴心人。

公安从业者仅具备单一的专业技能和素养是不行的,公安院校必须沿着正规化、专门化、职业化的方向培养高素质、复合型的预备警官,只有这样才能打造一支综合素养过硬、适应时代发展要求、始终具有强大战斗力的公安队伍。

2. 培养与实战无缝对接的应用人才

公安院校培养的学生不能仅仅是公安知识理论的使用者,更应该是执法勤务的实践者。面向实战、贴近实战、服务实战,实现"练"与"战"的无缝对接,是公安院校学生职业素养提升的关键所在。

以警察职业能力为本位的公安职业教育,绝不只包括知识的讲授和能力的培养,而是要通过教育教学过程,引导学生将职业素养的提升作为根本目标,将理论学习、技能训练与从事警察职业所需具有的态度和道德相对接,树立"学为战""练为战"的理念,确保院校实战模拟与警务一线实战无缝对接,为实现从校园人向社会人、职业人和岗位人的转变打下坚实的知识、能力、思想基础。

(二)明确公安院校职业素养教育的目标

目标是理念得以切实贯彻的指向,是人才培养的标准所在。只有确立了清晰明确的培养目标,公安院校的人才培养计划才能实现,公安院校职业素养教育的目标是公安院校职业素养教育无论在宏观层面还是微观层面得以展开的指挥棒。

1. 制订符合公安院校人才培养需要的总体目标

公安院校人才培养目标的制订,既有利于公安院校学生职业素养的全面提升,又能够体现出警学特色。因此,努力培育学生的家国情怀、职业道德、科

学精神、人文素养，着力培养人格健全、道德高尚、身心健康、全面发展的具有中国特色的社会主义合格建设者和忠诚可靠、专业精湛、衔接得力、作风端正的公安事业可靠接班人就应该成为公安院校学生职业素养教育的总体目标。

在诸多目标中，我们应该牢牢地把"忠诚可靠"作为公安院校职业素养教育的首要目标。习近平总书记早就指出，办好中国的高等教育必须要以马克思主义为指导；有关领导也强调，公安院校要完成育人任务必须要重视培育学生的政治方向性和政治坚定性。

警察作为社会的执法者和管理者，不仅需要相应的专业技能和知识，更缺少不了人文精神、人文关怀，警察无论在执法还是管理中都应将民主、公平、正义、诚信作为自觉意识和行动目标，时刻牢记维护公民的合法权益这一首要的价值目标。否则，缺少了尊重自由、保护尊严的理念，就会对他人的尊严和生命产生藐视，这样的警察真就成了高高在上的俯视芸芸众生的管理者，这样的教育结果将严重背离公安教育的发展目标。因此，在职业素养教育中公安院校要强化核心价值观教育，使学生坚定理想信念，凸显警察职业精神，确保将忠诚本色作为警察职业素质养成的灵魂。

2.推进层次分明、逐级上升的警察职业素质养成

兼顾则兴，偏废则衰。公安院校学生的职业素养是一个包含多层次、多角度内容的有机整体，仅针对某一职业素养进行培养，不利于公安院校学生职业素养的全方位完善，依据胜任力冰山模型对人才素质的层次划分，公安院校学生的职业素养可以分为如下三个层次。

最下面的一层，即基准性职业素养层次，居于公安职业素养这个"冰山"的最底部，是支撑素质冰山的基本层次，也是最容易培养的职业素质层次，包括知识素养的教育训练和技能素养的教育训练。知识素养的教育训练包括公安知识和通用知识两部分，技能素养的教育训练包括警务技能和非警务技能两部分，这一层次警察职业素养的提升，需要通过教师主导来完成。

中间层次即鉴别性职业素养层次，这是区分优秀职业素养人才和平庸职业素养人次的标准层次，包括伦理道德素养的教育训练和价值素养的教育训练。

冰山顶尖为嵌入性职业素养，包括情境角色素养的教育训练和创新素养的教育训练，这是突破岗位素养，突破自身职业潜力，实现个人极大发展，促进公安队伍战斗力提升的职业素养要素。

第二层和第三层属于高层次警察职业素养，重在通过学生的自觉养成和志愿实习活动来完成。此三层，层层递进，它们共同突显着公安院校学生职业素养的全面完整性。

（三）正确选择公安院校职业素养教育的路径

公安院校学生职业素质养成的路径在整个职业素质养成的体系中起着关键作用，路径选择的正确与否决定着公安院校学生职业素质的完善程度，制约着整个职业素质养成体系的水平和高度。

1. 以职业素质训导为主导

在公安院校学生职业素质培养的训导上，教师的作用最为重要。师者，传道授业解惑也。教师，是公安院校学生获取知识、感悟自我的引导者，教师借助自身对公安知识的理解以及对公安工作的感悟，将公安理论知识和对公安工作的价值态度传授给学生，从而引导学生养成胜任警察职业的全面的职业素质。

为了强化公安院校学生职业素质养成中教师的训导作用，需要增强公安院校教师的双重身份意识。与普通高等院校相比，公安院校的教师都是国家在编人民警察，具有双重属性：教师属性和警察属性。教师职业素养直接决定着公安院校学生职业素质养成的水平。因此，有必要对公安院校具有双重属性的教师队伍进行培训，以间接提升学生的职业素养。

一方面，增强师德、师风的引领示范。师德为本，师爱为魂，身正为范。教师的一言一行、所思所想都会感染学生，对学生产生潜移默化的影响。教师的价值观、思想观念会通过课堂教学不自觉地影响学生。因此，需要教师为人师表，以身作则，增强教书育人的责任感和使命感。

另一方面，加强专业培训，提升教师队伍整体素质。目前，公安院校教师有对职业发展前景的担忧，职业倦怠感增强。"坏心情"往往会影响工作进程，进而影响学生的学习进度。因此需要加强教师的专业知识培训，加强教师职业信念教育，让教师能够以良好的心态和乐观的心情在课堂上挥洒激情。

2. 以职业素质自觉养成为主线

自觉养成教育的实现，需要学生自主学习、自主感悟，从而将职业素质养成内化于心，融会贯通。公安实战中所需要的知识、能力、品格与精神学到位了，浸润到了灵魂深处，才是警察职业素养的塑造成型之日。作为公安院校的学生，只掌握公安知识，远远不够，学习知识、联系知识、整合知识并形成自己的建构体系，如此周而复往，才是警察职业素养提升的最有效路径。为了能更好地发挥自我养成在职业素质养成中的主线作用，公安院校学生有必要在自我完善、自我提升中着力关注以下几个方面。

（1）恪守道德操守，提升感性素养

一方面，学生自身要在学习和生活中着力树立远大爱国之志，树亲民爱民之德，做到公安教育"内化于心、外化于行"，自觉将社会主义核心价值观和中华民族传统美德融合于胸怀济世的德行和恪守自我的操守中，提升化解矛盾风险的能力和水平。

另一方面，坚守警察职业伦理道德，自觉养成公安优秀人才该有的职业精神、职业意识，树立全局观念，增强对国家、对公安事业的崇拜感。

（2）注重伦理道德，提升价值素养

学生自身应加强对组织纪律观念的信奉，严守国法，自觉践行纪律条例，做到"严格执法、依法办案"，将秉公廉明熔铸在自身血液里，铭刻于灵魂中；在今后的工作岗位中，惩恶扬善，杜绝人情案、关系案、金钱案，提高公安战斗力，增强警务执法权威。

（3）绷紧后发韧劲，提升创新素养

一方面，树立"超越"应领先于"适应"的理念。虽身处公安院校，学生仍要心系职业发展前景。要想在公安岗位上干出一番事业，学生必须要有超越自我的信念，即树立"超越第一，适应第二"的理念。

另一方面，依照"素质+职业+创新"的发展模式提升自己的创新素养。创新是事物发展的动力源泉，个人事业的成功、公安工作事业的发展，都需要创新素养的支撑。公安院校学生需要积极参与科研创作、学术辩论，做到学而有思、思而有惑、惑而有悟，并明白惑之来源及其本质，在亲身参加的活动中实现公安知识的升华，将头脑中的警务知识转化为创新能力。

（四）完善公安院校职业素养教育的手段

要想提升公安院校学生的职业素养，需要完善教育训练体系、强化自觉养成意识和开展志愿、实习活动，三者相互促进，缺一不可。

1. 完善教育训练体系

公安院校教育训练体系的完善，离不开教育理念、课程结构、教材内容、教学方法、育用衔接机制和评价机制的相互支撑。只有多管齐下，才能实现全方位的育人目标。

（1）创新教育理念

教师需摒弃"满堂灌"的旧有教学理念和教学模式，将理论讲解和因人而异的"滴灌"相结合，实现"双主体"教学模式，注重自身的引导作用，摆正自身的中心（不是主宰）地位，通过搭建理论知识框架，帮助并引导学生对学习意义进行建构，对警察职业素养进行感悟。

(2)优化课程结构

优化课程结构,合理设定课程门类、内容课时。一方面,整合课程内容,避免重复教学。将课程结构分为通识课、必修课、选修课,整合重复的课程,注重基础学科的厚重性。

另一方面,完善公安学科知识体系,发挥公安院校警学特色,完善课程设置,打牢专业根基。加强业务知识、法律知识和警体知识的学习,摒弃平均主义,不吃"大锅饭",在学生头脑的知识网络里构筑起知识理论厚实、体系完善的公安理论学科,培养公安法治思维人才。

(3)创新教材内容

一方面,搭建通识课程、公安基础课程平台,合理划分选修课和必修课的比例,科学设置人文素养(文、史、哲、艺术)、自然科学素养等课程模块,夯实公共基础课,尽可能使学生掌握广博的社会科学和自然科学知识,保证课程内容的同一性和规范性,实现公安知识和通识知识的均衡发展。

另一方面,编写系统化、体系化的精品教材,运用高科技、新媒体教学资源,创新电子教材。结合公安实战,充实案例教材和实训教材,保证精品教材能够发挥其示范引领作用,进一步提高公安院校教学的科学性,实现公安教育教学水平的长足发展。借助新科技、多媒体技术,实行网络点播教学,这种不受时空限制的主动式学习方式,能够培养学生的学习兴趣,增强课堂教学的感染力,以及教师课程教授上的调控力和驾驭力。

(4)创新教学方法

首先,注重课堂知识结构与案例实践的互动交叉。仅仅是学生与知识的互动还不够系统,做到实践与知识的互动衔接,才能够成就"知识—学生—实践"的完整学习链条。在学生与知识的互动下,学生只是明白了知识"是什么"的问题,而"怎么用"问题的解决,还要依靠知识与实践的互动。教师应通过规范化实践教学,扫除学生在警务实战技能掌握上存在着的"碎片化"和"最后一公里"问题。

其次,增加案例教学、启发教学、探究教学、讨论教学、参与教学的比重,寓理论知识于案例实践中。案例教学,能够使课堂理论与警务实践紧密结合,并增加学生对理论知识的记忆深度。启发式、探究式、讨论式、参与式教学,能够增强课堂知识与学生的互动,让学生在讨论中、思考中体会理论知识的价值,从而调动学生的学习积极性、主动性,培养学生的独立思考意识、辩证思考意识和创新意识。

最后,增设训练科目,完善训练测评,确保方法新颖,保证贴近实战。通过对警务执法办案流程的真实还原，模拟出警、处警、押解、审讯、收押等警务流程，设置具体犯罪案例，模拟争斗、凶杀场景，让学生分析现场及案情。设置高危应急处突情境，锻炼学生应对暴恐袭击、制敌护民的本领。通过多种多样的情境设置，让理论课程在实践模拟环境下"活起来"，确保学生能够在今后的公安岗位上做到上手快，后劲足。

（5）健全育用衔接机制

公安院校需要科学规划理论课程与实践课程的比例，并且应根据理论课程的需要增建模拟实战环境的硬件设施。院校还应增设模拟教学、情景教学，提高课堂教学的针对性和实效性，通过情景剧等活泼直观的方式让学生在"排戏"中学习沟通技能，学会为人处世、"察言观色"。

（6）完善评价机制

以往满堂灌的教学模式因评价形式过于单一，不能很好地起到评价的作用而备受诟病。双主体教学模式就要突破这种弊端，构建形式多样的评价机制。为了能够使学生的主体性得到良好的发挥，教师应关注学生的平时表现，通过演讲、创作等形式，激发学生兴趣，并通过确立平时成绩和最后考核成绩的合理比例，使学生积极参与的热情得到激发。

学生需要定期到基层见习，有时还要参与大型的服务社会的活动。教师应抓住这个有利条件，进一步强化双主体教学在实践中的导向作用，使学生的基层实践成为师生有效的沟通平台。教师应在实践活动开始前给学生做有针对性的指导，鼓励学生有准备地去基层发现问题，产生思考，通过师生间的视界交融和思想互动，达到将理论教育融入社会生活与实践的目的。在见习结束后，教师可以将论文或研究报告等形式作为相关课程考核的一项，这不仅能使学生职业素养的培育得到有效延伸，而且还达到了增强相关课程教学或整个教育活动的针对性与实效性的目的。

2. 强化自觉养成意识

学生警察意识的养成，警察职业素质的养成，一靠师长，二靠自身，自身是核心。教师在教学的过程中潜移默化地影响了学生的意识养成，虽影响巨大，但只是外因。学生职业素质的养成应是自觉主动的。因此，要真正实现公安院校学生职业素质的养成，就需要不断地增强学生的自我养成、自我提升意识。

（1）增强学生职业素质养成的主动意识

学生各种职业素养的养成，虽然离不开以教师为主导的教育教学的训导，但也绝不是完全依赖书本内容的讲授、知识的积累就能完成的，都需要学生在知识把握、能力培养的各种实践中，一次次地亲身领悟，在知识不断建构的主动参与中慢慢养成。

在教育的过程中，教师需要遵循教育的规律、了解教育目标的定位，针对学生特性设计、组织教育教学环节。但随着教师主导角色的发挥，学生的参与意识急需增强。因此，教的同时必然伴随着学。

为了能更好地提升学生自我完善、自主学习的能力，一方面要增强学生学习的主动性，变"要我学"为"我要学"，使学生明白"惑"之来源、"惑"之本质和"惑"之影响，以便达到"解惑"之目的。另一方面，要在教育教学中积极地建构教师与学生之间平等的话语环境。以往在教育教学中，教师往往拥有强势话语权，致使学生话语权缺失，严重影响了学生学习过程中积极性、主动性的发挥，使得职业素质养成缺乏实效性。要实现公安院校学生在职业素质养成中的自我提升，首要的手段就是要建构起师生平等的话语体系，同时要抓住学生对理论知识进行深入探讨的渴望，有效地调动学生学习的积极性。

在学习过程中，随着自主参与意识的增强，学生就能从自己熟悉的生活和所追求的理想目标当中出发，积极进行知识的构建和能力的培养，自觉根据自己的经验对外部信息进行选择、加工和处理，使自己的理论水平和觉悟能力不断提升。

（2）创新警务化管理，促进警察意识的养成

第一，警务化管理与生活化管理相统一。学生身处封闭式、半军事化管理的院校内，应从自己的一举一动、一言一行、一点一滴中促进职业意识的养成。自身要重视生活体验，发挥自身的主体性功能，借助内务卫生评比、列队出操、站岗执勤等活动，提高心理适应能力、挫折承受能力和自我控制能力，以便更好地应对今后繁重的警务活动。

第二，警务化管理与学风建设相统一。学生自身要将警务化之日常管理同志愿服务活动等学风建设紧密结合，促进职业素养的提升。

（3）提升校园文化软实力

一方面，借助院校功能布局，营造红色校风。通过形象鲜明的建筑，激发学生的爱国主义、集体主义和英雄主义情怀，增强学生献身公安、报效国家的社会责任感。

另一方面，提升公安院校的文化理念层次，坚守警色阵地。弘扬公安院校无私奉献的廉政文化、注重创新的学术文化、贴近实战的实践文化、形式规范的仪式文化，提升公安院校的文化办学理念，突出警校文化特色，让学生在日常的学习过程中自觉促进警察意识的养成，提升警察职业素养。

3. 开展志愿、实习活动

公安教育具有学历教育和职业教育的双重属性，公安院校学生不仅需要掌握充实的公安理论知识，还要掌握警务实战技能，而参加志愿活动、实习活动正好可以弥补公安院校学生在警务技能脱离实战等方面的不足。公安院校不定时开展志愿活动，可以让学生体会公安工作的艰辛与不易，进而增强对公安职业的认同。公安院校与实战单位共建实训基地，可以实现资源互补、互利双赢的局面，有利于公安院校及时了解实战需求，丰富教学内容，还有利于公安院校提高教学质量，调整人才培养模式。

（1）增强志愿活动的实效性

公安院校要积极响应国家安保维稳的号召，分批次地让学生加入安保维稳活动中，探索学生参加大型安保活动的实践规律，建立有效的新体制。

首先，建立高效运转、层层负责的指挥管理体系，加强学生的日常管理和培训，督查学生的宿舍内务、队列秩序等。

其次，将学生警务化管理和日常生活制度引入安保团队的日常管理当中，规范文体活动、住宿、就餐、防病防疫等工作，提升学生安保期间的执行力水平。

最后，实行边干边学、边干边练、练战结合的业务培训模式。要求学生在工作中学习，在实践中提高，虚心向带队民警请教，有针对性地快速提升安保技能。

（2）组织学生到实战单位实习

安排学生在寒暑假到基层派出所而不是机关去实习，一方面可以解决公安基层派出所警力不足的困难，另一方面又可以让学生得到全方位的业务锻炼。基层实习可以让学生了解相关业务工作的全过程，如接警、出现场、现场处理、保护现场、勘查现场、分析现场、采取侦查措施、抓捕、询问等，进而提高学生的实战技能。同时，经历基层的辛苦与磨难会促使学生在实践中养成吃苦耐劳、无私奉献的精神。

（3）加强校局合作

一方面，加强校局合作，让公安院校学生在掌握基础公安业务知识的前提下进入实战单位历练，检验自己的学习成果。让一线公安民警暂时离开工作岗位，在整理自己办案思路，形成教学模型的前提下进入公安院校，将自己的所见、所闻、所思、所想呈现到课堂之上，与学生一起探讨、一同进步。另一方面，建立校局合作长效机制，如图 5-3-2 所示，搭建校局合作模型。

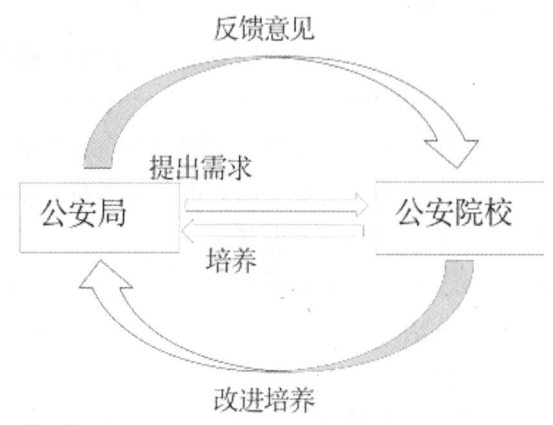

图 5-3-2　校局合作机制模型

第一步，公安局对所需警务人才提出意见和要求，明确胜任警务工作的职业素养是什么，并将此类信息传递给公安院校。公安院校根据公安局的实战所需，建立侦查基地，有针对性地培养公安局所需警务人才，待学生学有所成时送入公安局锻炼实习，以检验教学效果。

第二步，公安局根据公安院校培养的人才能否胜任警务工作的现实，指出学生在学习过程中存在的不足与遗漏，并将意见反馈给公安院校。

第三步，公安院校根据公安局所反馈的意见，进一步改进人才培养方案，努力使公安人才培养无限接近实战所需。

公安院校学生职业素养的提升，不可能一蹴而就，而是一个漫长的又需适时调整的过程。公安院校学生作为我国的预备警官，在职业素养的提升上，需要做到全面和完备，所采用的方式方法需要具有较强的可行性。

警察职业素养并非仅包括知识、技能等外在显性的要素，它更多的还包括渗透于灵魂深处的职业品格、职业精神等内容。因此，公安院校的职业素养教育，需要沿着主动教育和自觉养成两条主线展开，开辟有利于学生职业素养养成的不同阵地，通过以课堂教学为主的教育教学活动，使学生获得知识、能力等方面的积累；通过第二课堂、警务化管理等多种形式，使学生形成良好的行为习惯和自我完善的能力；通过校局合作、志愿者服务等活动，使学生在实战中得到锻炼，以便不断提升学生与实战相匹配的立体、全面的职业素养。

第六章 大学生职业素养教育的提升策略

第一节 提升教师的职业素养

教师是教育的主体,教师的思想、品格、职业素养直接对学生产生影响。教师要在学生的职业素养培养过程中起到身先示范的作用,既要熟练掌握教育学、心理学、教学法等知识,又要具有较高的道德修养,用自身的人格魅力、良好的品德修养和教育情感去熏陶和感染学生。在此基础上教师还应适时通过调查了解行业企业对人才的素质和技能要求,及时更新教学内容,改革教学方式方法。

一、新时期教师职业素养现状

(一)思想错位,态度消极

毫无疑问,个别教师选择教师职业并非自己的初衷,因此并未对职业产生足够的好感。他们的思想易出现错位,特别是难以对教学保持积极向上的心态。这样的思想状态十分不利于做培育学生的灵魂导师,反而容易把这种消极情绪传染给学生,显然这不利于开展课堂教学,这一现象属于基本素养的缺失,值得反思。

(二)教育观念不正确

有些教师囿于传统的应试教育思想,往往在课堂上会选择按部就班地套用原有的教学模式,其实这些模式已不再适应当前的教学需求。同时,一些教师在课堂上不以学生为主体,一味简单地重复背书式教学、使用题海战术或让学生死记硬背等,这会让学生感到乏味和疲惫,是无法在规定的教学时间内让学生的综合能力得到有效提升的。

(三)现代教学手段欠缺

步入新时期,教师的课堂教学应该融入更多的现代教学手段,诸如多媒体技术、网络资源等。然而不少教师不愿意接受新事物，不懂得在教学手段上有所变通，更不愿意为课堂教学主动引入更加现代的元素，因而教学内容无新意、教学形式无亮点、教学氛围不活跃，教学效果与质量自然也难以提升。

（四）未主动提升自我水平

"活到老，学到老"可谓人人皆知，但执行起来很难，反映在教学上就是一些教师并没有孜孜不倦地学习新的学科知识与教学理念，往往随遇而安，得过且过。显然，教师没有主动提升自我水平，这不但会影响自己的职业发展，也会对学生的学习造成影响。也就是说，教师如果不能通过学习来拓宽自己的知识面，不能着力打造更加坚实的学术基础，那么就只能让自己的职业素养停滞不前，甚至出现倒退滑坡现象。

二、制约教师职业素养提升的因素

（一）师资队伍结构不合理

据调查，新建应用型本科院校师资队伍普遍年轻化，年轻教师基本占了整个教师队伍的一半。年轻教师虽然学历高、精力充沛，但教龄短、职称低，缺乏教学经验，实践能力不足，师德意识淡薄，自身知识体系架构完善，再加上又缺少高职称教师的"传、帮、带"作用，其职业素养的提高缺乏一定的推进力量。同时，年轻教师易受外界影响而产生落差感，对学校也缺少认同感和归属感。

部分高校中的中青年教师虽具备中级职称，但本科学历的教师居多。师资队伍整体学历、学位层次不高，间接说明了教师的知识架构不够系统、知识层面不够宽广、对问题的分析理解能力还有所欠缺。还有的学校师资队伍职称级别比例失调，中级及以下职称级别的教师占了整个师资队伍的80%。

（二）培训机制不完善

对教师的培训是提升教师职业素养非常重要的环节。但各高校教师的培训机制并不完善，具体表现为以下几点。一是教师培训缺乏针对性，培训内容的针对性不强。二是教师培训缺乏均等性，能够接受较好培训的教师仅限于系部的1～2位老师，特别是访学进修。三是教师培训重理论、轻实践，不能适应高等院校教师职业素养提升的需求。

(三)学术风气不佳

当前,社会上存在"以论文和科研项目数量的多少来评价一名教师的能力"的现象,这一风气导致教师在个人的价值导向上出现了偏差。有些教师将更多的时间和精力放在了科研项目申报和研究上,却忽视了教学前的准备工作,导致"重科研、轻教学""科研上去了,教学却原地踏步"的现象发生。高校不重视教师的职业素养,制约了教师提升职业素养的积极性和全面性。

(四)教师的自我定位出现了偏差

随着高等教育大众化的发展,大学将实现从学术型和研究型高校向教学型和应用型高校的转变,这类高校更偏向教学和应用研究。在这种背景下,高校的定位是改变了,教师的教学方式方法却没有改变。换句话说,高校进行了重新定位,教师却没有随之进行重新定位,导致教师的自我定位出现了偏差。

三、新时期教师提升职业素养的重要性

新时期,课堂教学主体虽已转换为学生,但教学的组织者仍是教师,教师通过自身的职业素养,对课堂教学节奏进行合理把控,有序完成各种教学理念的渗透。教师拥有较高的职业素养,是开展常规教学的前提条件。教师作为学校开展教学科研活动的主力,基于自身的职业素养在教学中灵活树立目标,合理推行教学方法,将为学校营造积极向上的学习氛围,同时教师也能保持旺盛的生命力、强大的凝聚力、卓越的战斗力。此外,教师作为学生步入知识殿堂、走入社会的引路人,其职业素养所促成的专业化发展俨然是学生个体发展的重要保障。教师若始终执着于完善自我、充实理论、增加本领,将会直接影响到周围的学生群体,促使学生养成良好的习惯,并不断提升自身的职业素养。

四、提升教师职业素养的方法

(一)加快提升教师的业务素质和能力

1. 不断完善教师的继续教育、培训机制

以需求为导向,以能力要求为依据,有目的、有计划地开展教师继续教育和教育教学培训。实施全面提升教师学历学位工程,举办各类教育教学研修班,提升中青年教师的专业水平和教学能力。邀请一批具有国际视野的专家到校开展讲座或培训,拓宽教师的知识领域和学术视野。重视中青年教师的培养,有

计划、有步骤地对教师进行针对性的培养，从个别到整体，逐步实现教师培养的全面性和完整性。注重教师的日常培训与专题培训相结合，日常培训侧重理论培训，专题培训侧重实践教学的培训，促进理论与实践两个方面共同发展。侧重组织各项有利于提升教师职业素养的活动和测评，促进教师自我认识的提升。

2. 提升信息化教学能力

广泛开展教师信息化教学能力提升的培训，如参加广东省高等学校师资培训中心举办的"教育技术培训"，不断提高教师的信息素养。与合作企事业单位共建一批师资培养训基地和实践基地，校内成立创业创新教育基地，利用各种信息化平台，促进教师专业技能、教育技术应用能力和教学研究能力的提升，提高具备"双师型"素质的教师比例。组织和支持教师、教研人员开展对教育教学信息化的研究。继续举办多媒体教学课件评比活动和实验实训教学技能竞赛等活动，推进教育技术、信息技术在教学中的广泛应用。积极推动"互联网＋教育"，利用新媒体改革教学方法和教学评价，促使教师转变自身角色，学习先进的教育理念，不断更新教学内容，创新教学评价模式。

3. 加快高层次人才队伍建设

聘用具有行业影响力的专家作为专业带头人来充实高等院校的兼职教师队伍，引进德艺双馨的能工巧匠和技术能手来承担实操应用型课程的教学任务。学校应主动依托本科教学工程、创新创业平台、协同育人平台，主动与企业开展合作，让教师参加假期顶岗实践，并借鉴成熟的高等院校高层次人才队伍建设经验，培养高水平的中青年骨干教师和学科带头人。

（二）进一步深化人事制度和管理体制改革

1. 完善考核制度

积极推进以岗位能力要求为依据的目标考核，建立科学有效的教师考核办法和评判标准，使教师考核工作更加规范、合理、公平，并拓展教师的发展空间和上升通道，形成有利于优秀人才脱颖而出的机制。注重教师的"师德"和"业绩"的考核，实行师德"一票否决制"和业绩"末位淘汰制"，并将考核结果与教师的职务和收入挂钩。

2. 完善评价体系

学校应制定详细、清晰、能够量化的教师评价体系，以促进教师职业素养的提升。一个既符合实际又具有可行性的教师评价体系，既能全面、客观地反映教师的职业素养,又能对教师起到较好的约束作用。教师能够根据这一评价体系,主动总结经验,并将教学实践和科学研究相结合,不断提升职业素养,从而营造优良的教风。

3. 完善合同聘用制度,打造教师命运共同体

一是打造教师与学校之间的命运共同体;二是打造教师与教师之间的命运共同体。教师与学校之间的命运共同体的建立需要通过科学规范的管理以及相应的聘用合同将学校的核心利益与教师的核心利益结合起来。教师与教师之间的命运共同体的建立需要学校通过聘用合同将中青年教师的发展与老教师的"传、帮、带"作用有机地结合起来,如中青年教师导师制的建立既能促进中青年教师的发展,又能体现导师的人生价值。

4. 完善并落实教师工资福利待遇稳步增长计划

切实贯彻"多劳多得"的分配原则,适当拉开分配差距,并落实稳步增长的工资、福利待遇计划,这有利于稳定教师队伍,吸引更多高层次人才从事教育事业。因此,学校一要努力实现教师平均工资水平不低于同等水平院校平均工资水平的目标;二要保证为教师缴纳的各类社会保险费和住房公积金与同等水平院校齐平;三要对表现优秀或做出突出贡献的教师及时给予肯定,为其提供更好的发展条件和空间。

(三)进一步加强师德建设

1. 加强职业道德教育

引导教师树立正确的教育观,使其不断提高职业道德修养,以饱满的工作热情、强烈的责任心和荣誉感,积极地投身到教育事业中,肩负起培养祖国栋梁的大任,做"四有"好老师。教师应坚持立德树人、全面发展,将社会主义核心价值体系融入日常的教学活动中,以广博深刻的知识修养与独特的人格魅力,引导学生树立正确的世界观、人生观、价值观、荣辱观,做学生健康成长的指导者和引路人。

2. 完善师德建设制度

以互联网为载体,创新师德建设的途径,建立健全激励机制,通过正面引导和学生评教,多渠道、全方位地开展师德教育。健全师德考评制度,将教师的科研成果、教学能力、教学评价等纳入师德建设中,并作为教师考核、聘任和评价的首要内容。强化师德教育,加强教师学术诚信制度建设,并制定加强学校学风建设的办法。

(四)拓宽教师沟通交流的渠道

学校要为教师的沟通交流提供平台,教师也应积极把握各种机会,如利用公开课、教案研讨、专题学术交流等,加强与同行之间的专业探讨与交流,倡导集体备课,多对教学理念和模式设问,参考和接受他人的可行性建议。当然,学校还应开展具有竞争性的教学活动,如定期开展学生评价教师的活动,由学生提出教学意见,让教师的教学更加用心和严谨,让教师的学术研究更加灵活和专业。

第二节 利用新媒体提升大学生的职业素养

"科教兴国"是中国实现现代化建设的战略方针。教育信息化是衡量一个国家和地区教育水平的重要标志。运用新媒体平台,对大学生进行教育,是目前信息化时代下的一个重要的教育方向。对比传统的媒体,利用新媒体培育大学生的职业素养更利于学生接受,能够拓展大学生职业素养的交流空间。

大学生素质教育的开发,近年来引起了各国政府和学术界的广泛关注。国内外学者在大学生素养和大学生素养教育的内涵、目标、内容等方面都进行了广泛研究,取得了许多有价值的研究成果,初步形成了大学生素养基础理论研究体系。在新媒体背景下,智能手机和互联网的普及,让手机和互联网成了大家获取信息和沟通情感的主要方式。新媒体对于高等院校大学生的职业素养教育来说意义重大,有实际的应用价值。

一、利用新媒体开展职业素养教育的优势

(一)利用学生的琐碎时间进行教育

传统的职业素养教育对教师和学生的时间和空间都有要求,新媒体则打破了教师和学生进行知识交流过程中的时空界限。在实体课堂教学活动之外,教师可以通过新媒体在互联网上与学生互动。这样就在无形当中增加了教师对学生教育的时间,相当于将教学行为延伸到了课外。量的积累必然引起质的飞跃,长期使用新媒体对学生进行职业素养教育,能够显著提升学生的职业素养。

(二)教育内容极具吸引力

传统教学主要采用纸质教材和口头讲解,新媒体则丰富了教学内容的呈现形式。新媒体背景下,互联网上的视频资料和图片资料都可以作为教学资源。

与语言讲解相比，这些教学素材更加直观，有利于激发学生的学习兴趣，从而提高学生的职业素养。

（三）教学内容容量大

传统的教学内容受到课时的限制十分有限，新媒体背景下则可以对教学内容进行不断扩充。学生就像海绵，面积大的学生接收能力强，面积小的学生接收能力弱。传统教学中需要照顾大多数学生，这就出现了"吃不了"和"吃不饱"两个极端。新媒体背景下，教师可以提供丰富的教学资源，对教学内容进行扩充，学生可以根据自己的实际学习能力进行学习。这就实现了分层教学和有效教学。

二、利用新媒体开展职业素养教育的措施

（一）构建大学生职业教育的新媒体课堂

第一，充分利用高校和校内院系的门户网站及其主页，设立职业素养教育专栏，丰富职业素养教育内容，将最新、最前沿的职业资讯及时地通过网络传递给学生，弥补课堂教学资源的不足。

第二，建立网络电子课堂，使用新媒体技术，将所授课程制作成生动、形象的课件，让学生可以利用互联网进行在线学习，通过师生双向活动，开展交流讨论，提高大学生的学习兴趣和效果。

第三，高校大学生的手机使用率特别高，利用这一特点，教师一方面可以使用飞信、手机报、校讯通等方式向大学生发送相关学习资料，使他们能随时随地地学习；另一方面，教师也可以利用 QQ、微信、手机 APP 等，打造职业素养教育的交流共享空间，营造良好的学习氛围。总之，新媒体背景下高校的职业素养教育方法和教学内容对学生都具有高度吸引力。

（二）利用 QQ、微信等加强学生与教师的实时沟通

职业素养教育需要教师和学生及时进行沟通，不同职业所需具备的素养是不同的。职业素养教学活动中的知识也比较概括，抽象的教学内容需要借助例子来加强学生的理解。然而课堂时间有限，无法针对各个教学内容依次举例。这就需要教师和学生之间进行密切的联系。新媒体背景下，教师和学生之间可以借助 QQ 或者微信的语音通讯功能来进行实时互动。参与互动的教师可以是专业课教师，也可以是就业指导中心的教师。这样就能够满足学生答疑解惑的

需要。总之，新媒体背景下，教师和学生之间的沟通频率增加了有利于师生进行交流互动，进而实现教学相长。

（三）利用电子邮箱来实行大学生职业素养的个性化教育

高等院校的专业众多，不同专业学生所需的职业素养也大不相同。在21世纪，要实行个性化教育。为了提高教育的效率，可以通过电子邮箱来实现。学生将自己的专业或问题作为邮件的题目，并将自己的困惑和需要写在邮件正文中，然后将电子邮件发给目标教师，可以是自己相信的任何一位教师。教师则在空余时间对学生的邮件进行回复，对学生进行指导。这样就高效地提升了个性化教育的质量。总之，新媒体背景下，利用电子邮件来进行教学，能够切实实现个性化教育。同时也实现了高校师资的高度共享。

（四）利用微博资源来说明职业素养对大学生的影响

学校对学生进行职业素养教育时，多数为正面教育，即告诉学生需要具备什么样的职业素养。大学生刚刚成年，部分学生还处于青春叛逆期，对教学内容的学习有抵触情绪。微博中的资源非常丰富，也具有很多违反职业道德的案例。教师可以对其进行利用，进行反面教学，让学生意识到缺乏职业素养的严重后果，从而促进其积极地提升自身的职业素养。

学生的职业素养对其就业有重要影响，学生的职业素养教育一定要引起相关工作人员的高度重视。具体的职业素养教学方式应具有时代特点，不同时代有不同的教学媒介，教育方式也存在较大差异。当下是互联网和信息技术盛行的时代，教师在职业素养教育中要结合新媒体来开展。互联网的平均更新周期是八个月，新媒体的具体操作方法和影响力也会发展变化，这就需要教育工作者与时俱进，从而满足提升大学生职业素养的需要。

第三节　职业素养教育与思想政治理论课相融合

一、职业素养教育与思想政治理论课融合的必要性

增强思想政治理论课的实效性亟须其与职业素养教育相融合，教育部《关于全面提高高等职业教育教学质量的若干意见》指出："高等职业院校要坚持育人为本，德育为先，把立德树人作为根本任务。要以《中共中央国务院关于进一步加强和改进大学生思想政治教育的意见》为指导，进一步加强思想政治

教育，把社会主义核心价值体系融入高等职业教育人才培养的全过程。要高度重视学生的职业道德教育和法制教育，重视培养学生的诚信品质、敬业精神、责任意识、遵纪守法意识，培养出一批高素质的技能型人才。"在这一背景下，笔者认为思想政治理论课（以下简称"思政课"）与职业素养教育相融合势在必行，因为这是增强思政课时效性的必要选择。

第一，传统的思政课教学内容过于"宏大叙事"，学生感觉与己无关，职业素养教育可以填补思政课与"本领课"（专业课）分离的缺憾。传统教学重在介绍重大的、抽象的共性的理论，而对于与学生实际相关的今后从事的职业应遵守哪些具体的规范，与自己职业岗位关系密切的法律法规有哪些，如何守法维权，等等，教师往往是蜻蜓点水，实效性自然不会理想。因此，教师应在尊重教育部统编教材的前提下，紧密结合各专业群的培养目标选取和设计教学内容。以学生将来的职业岗位需求、用人单位的用人需求为选取教学内容的依据。在案例选择上贴近学生专业，甚至有些案例可以直接来自学生，这样学生会更加容易接受、也会觉得思政课是有用的，从而增强了思政教学的实效性。

第二，传统思政课很少顾及社会对人才的实际需求，职业素养课有助于实现公民素养和职场素养的有机结合。高等院校以培养全面发展的人才为己任。但是如果我们培养的人才不认同社会主义核心价值观，不遵守基本的公民道德与法律规范，那么，这种教育就是失败的，甚至是有害的。所以，思政课教师应树立培养"优秀职业人"和"良好公民"的意识。传统的思政课往往强调国家意识形态的灌输，忽视行为习惯和基本素养的培养，同时，也很少顾及社会对人才的实际需求，因而是低效的。通过开设职业素养教育课程（作为思政课的补充），着重在职场礼仪、职业形象、职场规范、团队意识、敬业精神等方面设计教学，可以实现公民素养和职业素养的有机结合。

二、职业素养教育与思政课融合的意义

思想政治教育是培养德艺双修人才的重要途径，是提高学生就业能力和发展潜力的重要保障。职业素养是大学生的必备素养，在思想政治教育中渗透职业素养教育对于提高学生的兴趣、促进学生全面发展有着重要意义。

（一）有利于提高高校德育实效

一直以来，思想政治教育的效果不明显，不能很好地促进学生提升道德水平和思想境界。职业素养教育和思想政治教育彼此独立，学生学习起来相对枯燥，尤其是思想政治教育，很多学生感到空洞乏味，体会不到学习的实际意义，

学习效率也难以提升。职业素养教育只有与思想政治教育的方向保持一致，才能保证教育的方向不会偏航，才能避免教育功利化的不良倾向。思想政治教育只有和职业素养教育统一起来，学生才能感受到学习的意义。将职业素养渗透到思想政治教育中能够实现二者的互补，能够真正提高德育实效，进而真正做到理论学习和实践应用的统一，为高等院校的德育教育开辟新局面。同时，渗透职业素养教育，能够让思想政治教育更加具有现实意义，从而保障德育教育实效，促进学生全面发展和进步。

（二）有利于突出高等院校的办学特色

当今的学生不仅应具有相应的专业理论知识和专业技术能力，还需具备必要的职业素养，能够快速适应工作环境，能够胜任一线生产、服务等工作。高校需要不断强化他们的职业道德，培养他们的敬岗爱业意识和团队协作精神。由于办学特色、专业定位、人才标准、社会需求等方面的原因，不同院校的知识技能教育、思政教育以及职业素养教育存在一定的差异。只有将专业学习、思政教育、职业素养教育有机融合，才能真正增强德育教育效果，让自身在同类高校中独树一帜，并提升学生的就业竞争力和发展潜力。

（三）有利于培养全面发展的高素质人才

教育服务于人类发展，科学发展观更是强调人的核心价值。现代教育是为了促进学生的全面发展，是为他们的终身发展服务的。高校在思想政治教育中渗透职业素养教育，能够让学生确立正确的政治方向，建立科学的世界观、人生观、生活观以及职业观，做好人生规划，并根据职业规划不断丰富自己的综合素养，不断提升自己的思想素质和道德境界，实现全面发展。

（四）有利于帮助学生形成职业认知

把学生的职业素养教育和思政课进行融合，可以帮助学生对职业形成良好的认知，思政课程是高等院校向学生渗透职业素养教育的平台，而思政课又是大学生的必修课，两者结合，可以大大提高职业素养教育的质量。

（五）有利于帮助学生提高职业能力

现代社会发展日新月异，很多新的职业不断涌现在人们的视野中，这对学生的就业提出了更高的要求，对学生的职业素养也有了新的标准。就业的目标也不再是简单的"有工作"，而是要符合学生的特点，关注学生的创造力和发展潜能。鉴于此，把职业素养教育和思政课融合势在必行，这既可以更好地培养学生的职业能力，也能确保学生在未来的职业生涯中能够实现可持续发展。

三、职业素养教育与思政课融合的现状

高等院校肩负着为我国未来教育人才的重任,给祖国培养人才的同时还应发挥思政课程的教育作用,让学生养成良好的职业素养,不仅要让学生的职业技术增强,还要让学生拥有高尚的职业素养,为我国的社会建设做贡献。但是纵观目前的高等院校思政课程教育,老师和学生普遍不重视思政课程,学生的思政课堂时间被其他课程挤压,导致思政课程边缘化。高校教育重视技术教育,忽视素质的培养。同时,虽然我国很早就确立立德树人的教育理念,但是在具体的教学中很难落实到位。

四、职业素养教育与思政课融合的有效策略

(一)树立科学的职业素养教育理念

将职业素养教育融入高校思想政治教育中,最为重要的一点就是在把握国家政治教育主题的前提下,服务职业素养教育,践行社会主义核心价值观和中国梦,把学生的职业素养教育放在重要位置。

首先全面落实中国梦,职业素养教育也是在为实现中国梦做好基础,学生具有较高的职业素养,能够胜任未来的工作,能够在工作中更好地发挥自己的才华,就是在以自己的行动践行中国梦。高校思政课教师首先需要认识到职业素养教育的重要性,树立正确的教育理念,只有这样,才能在教育过程中充分重视职业素养教育,才能真正将职业素养教育渗透到思想政治教育过程中去。

其次,更全面、更深层次地挖掘职业素养教育的本质内涵,实现与思想政治教育思想观点的衔接,让学生能够在思政课的学习中主动提升自身的职业素养,不断提高职业道德意识、奉献意识、社会适应能力和沟通协调能力。

(二)注重与专业相结合,突出职业素养的提升

第一,重新整合教材内容,突出与职业素养相关的内容。比如"思想道德修养与法律基础"课中的理想信念教育,以往的大学生理想信念教育偏重于强调社会主义共同理想和共产主义远大理想,而且在教育途径和方法上往往偏重于理论灌输、宣传教育,忽视了学生个体的生活理想、职业理想,忽视了个体的生活实践及其前期信仰。马克思曾说:"人们奋斗所争取的一切,都同他们的利益相关。"所以,理想信念教育要紧密联系他们的学习、生活和工作实际,如果理想信念教育离开了学生自身利益这一客观基础,就会变成一种空洞的说

教。同时要在理想信念教育中融入职业素养教育,让学生在实践中感悟现代职业精神,培养坚毅品质,树立更高的职业理想,以担当更大的社会责任。

第二,由思政课教师开设职业素养专题讲座,补充公民素养与职业素养等相关内容。近几年,大学毕业生就业后跳槽频繁,持续发展能力不足。一方面说明大学生择业观念等存在问题,另一方面也能看出大学生缺乏公民最基本的诚信意识以及敬业精神。另外,在实际教学过程中,我们也了解到现在大学生的人生观、价值观也存在一定的问题:过于看重金钱及个人幸福,缺乏集体荣誉感等。基于以上问题,结合思政课中的相关内容,由思政课教师每学期开设1~2次专题讲座。比如,关于人生观教育,开设"关于金钱与人生幸福"的讲座,把幸福观教育和金钱观教育以及中国传统文化教育渗透到教学内容中。针对大学生择业与就业问题,开设"职业素养与职业理想"讲座,等等。

第三,在思政课堂上增加"职业素养每日一语"课前展示环节,潜移默化地提升学生的职业素养。要求每位学生搜集一条关于职业素养的名人警句,在课前写在黑板上,这样,使每个学生在潜移默化中对"职业人"的敬业精神、职业道德及企业文化等有所了解,从而自我约束和自我提升,尽快完成从"学生"向"准职业人"的转变。

第四,思政课考核项目增设"大学生基础文明养成"评定,以提升学生的公民素养。从小到大,学生已经接受了十几年的道德教育。但我们发现有一个奇怪的现象,学生的道德修养并不随着接受道德教育时间的增加而有所提升,甚至会出现相反的结果。究其原因,传统的道德说教、道德知识的灌输越来越远离学生的生活而显得空洞和乏味。所以,教师一方面应以德育活动的方式增加道德教育的趣味性,另一方面应把"基础文明"评定情况纳入思政课考核项目,通过教师评价、同学互评、学生自评得出实际分数并计入总评。这种方式有助于实现学生的自我教育、道德升华。

(三)在教学方法和手段的改革上,着力提高学生的学习积极性

第一,构建德育活动课堂模式。由任课教师根据教材内容及教学大纲要求设计出德育活动主题;将活动主题提前布置给学生,把每个班的学生分成小组,由各小组共同设计活动方案,任课教师批改指导并选择优秀方案在班会也即德育活动课上实施。班主任与任课教师参加班会并做点评。最后由各小组互评,并将最后评分作为小组的德育活动成绩;德育活动课后每位学生上交一篇心得,教师及时批改总结并做点评。

第二，设计项目化教学方案。"项目化教学"是师生通过共同实施一个完整的"项目"工作而进行的教学活动，它既是一种课程模式，又是一种教学方法。这里的项目，是指以生产一件具体的、具有实际应用价值的产品为目的的任务。因此，项目教学更适合专业课教学。

然而，如果打破这一思维定式，"实际上一个项目应该是具有多种形式的，它既可以是生产一件具体的、具有实际应用价值的有形产品，也可以是生产一件抽象的、但是又具有实际应用价值的无形产品——精神产品。这个项目可以是一种思维方式，也可以是一个启示或一种学习方法，也可以是一段对话、一首诗歌、一种感悟，一场辩论等多种形式"。它可以渗透到学生的专业学习中，对于学生社会能力的提高可以起到潜移默化的作用。比如，可以根据课程内容举办"扬起理想的风帆"主题演讲、"幸福和金钱能成正比么"班级辩论赛等。

第三，尝试体验式教学方法。体验式课程采用实践性体验式学习方法。它的着眼点，不是教师在课堂上讲知识，学生背知识，而是让学生在课堂活动中充分地表现出生命的活力。这种教育方式大大丰富了思想政治教育的内容、形式和途径，这种教育过程，不仅是学生行为的参与，更是情感、心理、思维的参与；不仅是知识的积累过程，更是能力的锻炼、品质的形成、素养的提高过程。在"体验课"内容设计上要认真推敲，要符合教材内容和教学大纲要求，同时要符合大学生的成长规律，力求调动所有学生的积极性，真正实现活动—体验—感悟—升华的过程。思想政治理论课的最终目的是让年轻的学子们能在纷繁复杂的社会中，提高认识分辨能力、抓住事物现象背后的本质，树立正确的世界观、人生观、价值观。在教学实践过程中，教师要做到科学性与艺术性完美结合，让学生真正感受到真理的力量、逻辑的力量、信仰的力量。

第四，改革评价方式。过去思想政治理论课教师在评价学生学习质量时，往往简单地以期中和期末成绩以及学生平时的出勤情况为依据，这种评价不能客观地评价学生，不利于调动学生的学习积极性，更不利于学生思想道德水平的提高和职业素养的提升。改革评价方式，就应当改变过去的单一的评价方式，实施多元的评价方式，即把教师评价、同学互评和自我评价相结合，把成绩评定和个人品行表现相结合，更加注重学生课内、课外学习和活动的参与情况。

（四）帮助学生做好从"准职业人"向"职业人"转变的准备

第一，开设"职业素质教育实践"课程。大一新生安排为期两周的"职业素质认知实践"，大二学生安排为期三周的"职业素质体验实践"，大三大四毕业实习阶段，我们将跟踪培养，使大学生在提高专业技能的同时，得到职业素养的提升。

第二，职业素养教育主题班会制度化。每个学年在选取班会主题时必须围绕职业素养教育这一主题，比如，在"职业素质认知实践"结束后，就以"职场规范、从我做起"为班会主题开展交流活动；在"职业素质体验实践"结束后，开展"创造价值、担当责任"的职业素质与职业理想畅谈活动；"职业素质拓展实践"结束后，绝大多数学生都面临由学生向"职业人"的转变，可开展"提高素质、体面就业"等职业素养教育。

第三，学生管理"准企业化"尝试。根据学生所学专业，参照行业企业规章制度制定班级管理各项制度，实现有效的管理，帮助学生尽快实现身份转换，即由"学生"向"准职业人"再到"职业人"的转变。

第四，将创业教育融入职业素养教育实践项目。在实践中学校不仅应重视学生基本素质的养成，还应请企业管理者对学生进行企业管理经验、管理方法及企业创业及发展经历等方面的介绍和讲解，培养学生的创业素质，激发他们的创业热情。

（五）将企业文化引进校园

将行业文化和企业文化引进校园，关注学生的专业学习，是在思想政治教育渗透职业素养教育的重要途径。在教学过程中，教师要为学生提供更加丰富的与学生社会生活现实密切相关的各种思想政治素材；立足已有的经验和兴趣，更好地引导学生思考和研究；指导学生从社会学科的角度出发，分析和研究日常生活。职业素养是行业文化和企业文化的重要组成部分，提高学生的职业素养也是提高学生的就业竞争力的重要方式。教师应关注专业学习与行业发展，实现思想政治教育与企业文化的融合，营造有利于职业素养培养的氛围。

企业文化是企业在长期的经营过程中创造的，不仅包括与学生专业技能相关的科研技术和产品设计，还包括企业制度、管理理念、经营思想、创新体制等，它时时刻刻都在影响着员工的工作和生活。高校在思想政治教育中渗透职业素养教育的最好方式就是引入企业文化，借助企业文化提升学生的政治素养，培养学生的岗位意识，强化他们的创新能力，提升他们的责任意识，以让学生能够真正胜任未来工作。

（六）培养专业化的德育教师队伍

将职业素养教育渗透到思想政治教育中去，离不开教师的教学理念和能力，需要一支强有力的德育教师队伍。高校需要根据思想政治教育和职业素养教育的标准，强化教师的教育思想，使其树立正确的教学理念。作为高校的德育工作者，需要不断学习，认真研究思想政治教育和职业素养教育的融合方式，结合学生的专业学习和企业用人环境，强化学生的职业素质。同时，高校应改革考核机制，重视学生的职业素养考评，激励教师努力探索职业素养教育与思想政治教育相融合的新路径。

参考文献

[1] 马早明. 亚洲"四小龙"职业技术教育研究 [M]. 福州：福建教育出版社，1998.

[2] 王九程. 高职生基本职业素养课程体系的构建 [J]. 湖北工业职业技术学院学报，2014，27（01）.

[3] 谢纳泽. 提升大学生职业素养的多维路径探析 [J]. 职教论坛，2014（02）.

[4] 高海霞，段宏毅. 高职学生职业素养养成体系建设探究 [J]. 中国电力教育，2014（03）.

[5] 潘俊. 实践活动中的旅游专业学生职业素养的养成教育研究 [J]. 江苏教育研究，2014（03）.

[6] 叶绿美. 高职文秘专业职业素养养成教育模式初探：以宁波城市职业技术学院为例 [J]. 教育教学论坛，2013（04）.

[7] 郭春燕. 试析高职院校职业素养教育的途径：无锡南洋职业技术学院职业素养教育实践 [J]. 黑龙江高教研究，2012，30（03）.

[8] 戚洪娜. 立德树人：基于高职院校学生职业素养养成的思考 [J]. 广东技术师范学院学报，2011，32（10）.

[9] 魏启晋. 职业人文主义：高等职业教育的价值诉求 [J]. 教育与职业，2008（26）.

[10] 刘丽. 职业素养教育：时代赋予高职院校的历史使命 [J]. 哈尔滨职业技术学院学报，2010（01）.

[11] 徐兵，林宁萍，杜昊. 构建学生综合职业素质训练体系 [J]. 中国职业技术教育，2006（25）.

[12] 沈文英. 论高职校学生职业素养的培养 [J]. 鸡西大学学报，2008，8（06）.

[13] 裘燕南. 创设丰富教学情境提高学生职业素养 [J]. 中国职业技术教育，2007（07）.

[14] 刘兰明. 关注职业基本素养教育 打造安身立命之本 [J]. 中国高等教育, 2010（19）.

[15] 颜春峰. 论"老骥伏枥"的"伏枥"[J]. 江西社会科学, 2005（03）.

[16] 张彦君. 学校心理教育理念重建：积极心理教育 [J]. 河南社会科学, 2016, 24（07）.

[17] 白鸿辉. 高等职业教育要强化学生职业素养的培养 [J]. 长沙航空职业技术学院学报, 2004（02）.

[18] 褚联峰. 借鉴外国经验，拓展我国职教发展之路 [J]. 职教论坛, 2001（09）.

[19] 周寅. 警察素质的结构及其效能 [J]. 江苏公安专科学校学报, 2001（01）.

[20] 方传新. 人民警察素质的基本构成 [J]. 江苏警官学院学报, 2003（03）.

[21] 杨雄. 养成教育与青少年发展 [J]. 当代青年研究, 2004（05）.

[22] 曾燕波. 从养成教育看青少年的素质提升 [J]. 当代青年研究, 2004（05）.

[23] 刘春魁. 养成教育的含义、特点、功能及本质 [J]. 邢台学院学报, 2004（02）.